★★★ 全国财经职业学校会计专业核心课系列教材

主　审 张文光 夏祥霖 任延东
主　编 王晓敏 袁春梅
副主编 邓桂兰 郭慧峰 赵　雯

兰州大学出版社

CAIWUGUANLI XITIJI

财务管理习题集

zhongdengzhiyejiaoyu

图书在版编目(CIP)数据

财务管理习题集 / 王晓敏,袁春梅主编. —兰州:兰州大学出版社,2014.5(2017.7 重印)
ISBN 978-7-311-04468-8

Ⅰ.①财… Ⅱ.①王… ②袁… Ⅲ.①财务管理—中等专业学校—习题集 Ⅳ.①F275-44

中国版本图书馆 CIP 数据核字(2014)第 116541 号

责任编辑 李 丽
封面设计 张友乾

书　　名 财务管理习题集
主　　编 王晓敏 袁春梅
出版发行 兰州大学出版社 (地址:兰州市天水南路 222 号 730000)
电　　话 0931-8912613(总编办公室) 0931-8617156(营销中心)
　　　　 0931-8914298(读者服务部)
网　　址 http://www.onbook.com.cn
电子信箱 press@lzu.edu.cn
印　　刷 虎彩印艺股份有限公司
开　　本 787 mm×1092 mm 1/16
印　　张 8
字　　数 176 千
版　　次 2014 年 7 月第 1 版
印　　次 2017 年 7 月第 2 次印刷
书　　号 ISBN 978-7-311-04468-8
定　　价 25.00 元

(图书若有破损、缺页、掉页可随时与本社联系)

序

随着我国教育改革的不断深化，尤其是社会与经济高速发展的今天，由于新经济环境下对人才需求层次多样化的客观要求，使得我国的职业教育得到了迅速的发展。职业教育经历了由专业教育向职业教育的转化，其办学模式、培养目标、人才模式等也都发生了相应变化，而人才培养模式的转换必须通过教学内容和教学方式等途径来实现。因此，作为教学内容载体的教材建设，其定位的基础必须是职业教育培养目标。

职业教育培养目标是使受教育者成为具备某一职业和工作岗位所需要的职业基础知识和技术能力，以及德、智、体全面发展的中初级应用型、技术型人才。对照这一培养目标，立足"以就业为目标，以市场为导向，以服务为宗旨"的出发点，考虑到目前职业教育对象的素质特征，我们目前所使用的教材，大多数仍是按照过去中职或高职培养专业人才的结构和体系，过于追求学科体系的系统性和完整性，职业教育特点不突出，滞后于时代的发展、市场的需求。

基于对上述客观要求的理性思考，职业学校的教学应更加符合市场对人才的要求，以"实用、适用、够用、可教"为原则，根据就业岗位的工作思路，从通识、原理、职能到方法，使学生易于理解、掌握和实践，即"能力目标—技能训练—学生主体"，培养出有能力、有技术、有责任的学生，实现专业教学与学生就业岗位零距离的目标。

一套有强大生命力的教材，应该以满足读者的需要为宗旨，不断适应环境的变化。本系列教材、实训教程及习题，是在吸收财会理论界近年来所取得的一些理论成果的基础上，借鉴了同类教材的先进经验，组织了长期在教学一线工作并有着丰富教学经验的教师编写而成，是职业教育课程教学改革的重要成果。本系列教材汇集了几代学人的智慧结晶，教材中所列的教学案例，阐述的观点方法，既是教研成果，又是实践积累，并经过实践证实具有明显的教学效果。

教材编写是一项复杂而又细致的工作，我们仍需要不断探索、不断总结、不断完善。由于时间仓促、水平有限，教材中难免存在疏漏甚至错误，尚祈赐教，同时对各位作者和出版社的辛勤劳动深表谢意。

成果的展示，是“智慧之晶”的丰收，更是开启“思想之光”的新开端，未有穷尽，我们将不断努力，勇于拼搏，为职业教育的发展做出贡献！

2013年12月

序文作者张文光为中国注册会计师、高级审计师、包头财经信息职业学校校长。

前　言

随着我国经济的高速发展,会计教育的结构及内容发生了深刻的变化,其办学模式、培养目标和教育对象也都发生了相应变化。职业教育的主要目标是培养社会需求的，就业时“不需再培训就能直接上岗操作”的会计技能型人才。而传统教材大多偏重理论,职业技能特点不突出,应用性不能与实际很好对接,不符合学生的认知特点。为此,我们组织具有丰富教学经验的教师,从“重技能性教学”入手,结合新会计准则的精要,同时考虑了会计教育对口用人单位的需求,编写了本书。

《财务管理习题集》是我们结合多年会计教学经验,按照职业教育的目标定位,在充分考虑学生素质特征的基础上编写的。考虑到教学需要,设置了名词解释、单项选择题、多项选择题、判断改错题、简述题和计算分析题等题型,编写了每章节配套练习和两套综合练习,主要目的是巩固学生的理论基础,提高学生的实际动手解决问题的能力,增强学生对财务管理的判断和分析能力。

本习题集由王晓敏、袁春梅任主编,邓桂兰、郭慧峰、赵雯任副主编,张婷、焦娜参与编写。因编者水平所限,书中一定有许多不尽人意之处,欢迎批评指正。

编　者

2013年12月

目　录

第一章　财务管理总论 …… 001
第二章　资金时间价值与收益风险 …… 007
第三章　筹资管理 …… 013
第四章　流动资产管理 …… 020
第五章　投资管理 …… 028
第六章　收入管理 …… 034
第七章　利润管理 …… 040
第八章　财务预算 …… 046
第九章　财务分析 …… 054
综合自测题一 …… 060
综合自测题二 …… 069
参考答案 …… 077
附表一　复利终值系数表 …… 111
附表二　复利现值系数表 …… 113
附表三　年金终值系数表 …… 115
附表四　年金现值系数表 …… 117

第一章　财务管理总论

一、名词解释

1. 企业

2. 财务关系

3. 财务管理

4. 企业资金运动

5. 筹资

6. 投资管理

7. 企业价值

8. 财务预测

9. 财务决策

10. 金融市场

11. 利率

二、单项选择题(选出选项中唯一正确的答案填入括号内)

1. 企业是从事生产、流通或服务活动,以(　　)为目的并实行独立核算的经济组织。
A.服务　B.营利　C.生产　D.销售
2. 在管理中,人们把在企业生产经营过程中各项生产要素的价值称为(　　)。
A.货币　B.资产　C.实物　D.资金

3. 企业生产经营过程中的资金运动所体现的各种关系,称为(　　)。
A.财务关系　B.生产关系　C.经济关系　D.行政关系

4. 企业财务管理是组织资金运动、处理财务关系的一项综合性的(　　)工作,是企业管理的重要组成部分。
A.经济管理　B.行政管理　C.资源管理　D.人力管理

5. 企业价值最大化,这一目标体现了(　　)。
A.资产保值增值的要求　B. 经济利益
C. 经济关系　D.经营效果

6. 资金循环的第一阶段,企业的一部分货币资金转化成了(　　)和储备资金。
A.固定资金　B. 生产资金　C. 成品资金　D. 在产品资金

7. (　　)是企业将筹集的资金投入使用过程的管理,包括企业内部使用资金的过程和对外投放资金的过程。
A. 筹资管理　B. 投资管理　C. 利润分配　D. 资产管理

8. 对现代企业来说,企业存在并发展的主要目标就是(　　)。
A. 利润最大化　B. 税收最大化　C. 收入最大化　D. 价值的最大化,

9. 资金循环的第二阶段是(　　)。
A. 筹资阶段　B. 销售阶段　C. 生产阶段　D. 分配阶段

10. 根据资料,运用数学方法和现代化计算手段,对未来所进行的预测,称为(　　)。
A. 定性预测　B. 价值预测　C. 定量预测　D. 技术预测

11. (　　)是指在经过充分的调查、研究和分析的基础上,运用一定的方法对未来时期财务活动所做的分析和估算工作。
A. 财务预测　B. 财务决策　C. 财务评价　D. 财务控制

12. (　　)是指对企业一定时期的经济活动和财务活动所进行的分析、考核总结性工作。
A. 财务预测　B. 财务决策　C. 财务评价　D. 财务控制

13. 财务管理环境又称理财环境,是指企业理财中涉及的各种影响企业财务活动的(　　)。
A. 债权债务　B. 市场状况　C. 宏观调控　D. 条件和因素

14. 短期资金市场也称(　　),是指融资期限在1年以内的资金交易活动市场。
A. 季节性市场　B. 票据贴现市场　C. 货币市场　D. 短期债券市场

15. 长期资金市场又称(　　),是指融资期限在1年以上的资金交易市场。
A. 货币市场　B. 借贷市场　C. 资本市场　D. 长期债券市场

16. (　　)是指没有风险和通货膨胀情况下的社会平均资金利润率。
A. 纯利率　B. 通货膨胀补偿率
C. 风险收益率　D. 违约风险收益率

17. 财务管理的核心工作环节为(　　)。
A. 财务预测　B. 财务决策　C. 财务计划　D. 财务控制

18. 资金的运动过程,包括资金的筹集、资金的运用和资金的(　　)。

A. 分配　　B. 耗费　　C. 流动　　D. 增值

19. 企业的收入补偿了产品成本等生产消耗,缴纳流转税后,剩余部分就是企业的(　　)。

A. 利润总额　　B. 营业利润　　C. 税后利润　　D. 净利润

20. (　　)属于国家政策性银行。

A. 中国人民银行　　B. 中国建设银行

C. 中国进出口银行　　D. 交通银行

三、多项选择题(选出选项中两个或两个以上的正确答案填入括号内)

1. 企业的生产经营要素包括(　　)。

A. 劳动者　　B. 生产设备　　C. 原材料　　D. 信息

2. 资金循环的三阶段是(　　)。

A. 供应阶段　　B. 生产阶段　　C. 销售阶段

D. 筹资阶段　　E. 用资阶段

3. 企业的财务关系主要有(　　)。

A. 企业与投资者和受资者之间的财务关系

B. 企业与债权人、债务人之间的财务关系

C. 企业与政府之间的财务关系

D. 企业内部各单位之间的财务关系

E. 企业与职工之间的财务关系

F. 企业相互之间的财务关系

4. 企业财务管理的内容包括(　　)。

A .筹资管理　　B. 生产管理　　C. 投资管理

D. 回收管理　　E. 利润及分配管理

5. 财务管理环节包括(　　)。

A. 财务预测　　B. 财务决策　　C. 财务计划

D. 财务控制　　E. 财务评价

6. 财务预测按内容划分有(　　)。

A. 资金预测　　B. 成本预测　　C. 投资预测

D. 收入预测　　E. 财务成果预测

7. 预测的方法主要有(　　)。

A. 定性法　　B. 专家会议　　C. 技术会议

D. 测量法　　E. 定量法

8. 财务决策主要有以下步骤(　　)。

A. 确定决策目标　　B. 提供备选方案　　C. 选择最优方案

D. 确定预测方法　　E. 建立预测模型

9. 财务评价主要包括(　　)两部分。

A. 财务预测　　B. 财务决策　　C. 财务分析

D. 财务控制　　E. 财务检查

10. 财务检查是一种监督性质的工作，主要是检查财务活动的(　　)。

A. 合情性　B. 合法性　C. 合理性

D. 真实性　E. 有效性

11. 财务决策一般包括(　　)。

A. 筹资决策　B. 投资决策　C. 成本决策

D. 利润分配决策　E. 管理决策

12. 理财环境的外在因素主要有(　　)。

A. 经济环境　B. 法律环境　C. 市场环境

D. 金融环境　E. 资金环境

13. 与企业相关的税种主要有(　　)。

A. 所得税类　B. 流转税类　C. 资源税类

D. 财产税类　E. 行为税类

14. 在企业理财过程中，涉及的法律主要有(　　)。

A. 企业组织法规　B. 税务法规　C. 民事法规

D. 刑法　E. 财务法规

15. 银行业金融机构包括(　　)。

A. 中国人民银行　B. 中国工商银行　C. 交通银行

D. 中国进出口银行　E. 国家开发银行

16. 其他金融机构包括(　　)。

A. 金融资产管理公司　B. 信托投资公司　C. 财务公司

D. 金融租赁公司　E. 证券公司

17. 金融市场可分为(　　)。

A. 债券市场　B. 资金市场　C. 贴现市场

D. 外汇市场　E. 黄金市场

18. 按利率之间的变动关系，利率可分为(　　)。

A. 基准利率　B. 套算利率　C. 固定利率

D. 浮动利率　E. 市场利率　F. 法定利率

19. 影响利率的因素有(　　)。

A. 经济周期　B. 通货膨胀　C. 国家货币政策

D. 财政政策　E. 国际经济政治关系　F. 国家利率管制程度

四、判断改错题(判断正确或错误，正确的在括号内填“√”，错误的填“×”，如果错误请改正)

1. 企业是从事生产、流通或服务活动，以营利为目的并实行独立核算的经济组织。(　　)

2. 企业生产经营过程中的资金运动及所体现的财务关系，就是企业财务。(　　)

3. 长期证券市场又分为一级市场和二级市场。二级市场，是企业为筹集资金而发行新

证券的市场,参加者主要是发行人和认购人。(　　)

4. 利息率简称利率,是利息占本金的百分比指标。从资金的借贷关系看,利率是一定时期内运用资金资源的交易价格。(　　)

5. 财务检查是一种财务预测的工作,主要是检查财务活动的合法性、合理性和有效性。(　　)

6. 财务管理环境又称理财环境，是指企业理财中涉及的各种影响企业财务活动的条件和因素。(　　)

7. 短期资金市场也叫资本市场,是指融资期限在1年以内的资金交易活动。(　　)

8. 企业生产经营活动就是生产要素实物形态的运动。(　　)

9. 债务人是指将资金借给企业的银行、企业发行债券的购买者以及企业未付清货款的供货方等。(　　)

10. 筹资管理是企业将筹集的资金投入使用过程的管理,包括企业内部使用资金的过程和对外投放资金的过程。(　　)

11. 对现代企业来说,企业财务管理的目标就是企业价值的最大化。(　　)

12. 财务计划是指对企业一定时期的经济活动和财务活动所进行的分析、考核总结性工作。(　　)

13. 一般情况下,当经济发展形势好时,企业的投资就会相应增加。(　　)

14. 按利率与市场资金供求情况的关系,利率分为市场利率和法定利率。(　　)

15. 通货膨胀补偿率是指由于持续的通货膨胀会不断降低货币的实际购买力,为补偿其购买力损失而要求提高的利率。(　　)

五、简述题

1. 简述资金循环的过程。
2. 简述企业主要财务关系有哪几方面。
3. 简述企业财务管理的主要内容。
4. 简述企业财务管理的目标。

5. 简述财务管理的基本环节。
6. 简述财务管理环节中的财务预测。
7. 简述财务管理环节中的财务控制。
8. 简述财务管理环节中的财务决策。
9. 简述影响理财环境的因素。
10. 简述影响利率的因素有哪些。

第二章　资金时间价值与收益风险

一、名词解释

1. 资金时间价值

2. 终值

3. 现值

4. 年金

5. 资产收益

6. 必要收益率

7. 风险

二、单项选择题（选出选项中唯一正确的答案填入括号内）

1. 资金时间价值的本质是(　　)。
   A. 放弃流动偏好的报酬　　B. 工人创造的剩余价值
   C. 时间流逝　　D. 货币所有者推迟消费的报酬
2. (　　)是一定数量的资金在未来某一时点上的价值。
   A. 现值　　B. 终值　　C. 年金　　D. 偿债基金
3. 未来某一时点上的资金其现在的价值是(　　)。
   A. 现值　　B. 终值　　C. 年金　　D. 偿债基金
4. 根据一定数量的本金按复利计算若干期后的本利和是(　　)。
   A. 单利终值　　B. 单利现值　　C. 复利终值　　D. 复利现值
5. (　　)是未来一定时点上的资金按复利计算的现在价值。
   A. 复利终值　　B. 复利现值　　C. 年金终值　　D. 年金现值
6. (　　)是一定时期内每期期末收付的等额款项的本利和。

A. 复利终值　B. 复利现值　C. 年金终值　D. 年金现值

7. (　　)是未来一定时期内每期期末收付的等额款项折算成现在的价值。

A. 复利终值　B. 复利现值　C. 年金终值　D. 年金现值

8. 下列公式中,复利终值计算公式是(　　)。

A. $F=P(1+in)$　B. $P=F(1-in)$　C. $F=P(1+i)^n$　D. $P=F(1+i)^{-n}$

9. 下列公式中,复利现值计算公式是(　　)。

A. $F=P(1+in)$　B. $P=F(1-in)$　C. $F=P(1+i)^n$　D. $P=F(1+i)^{-n}$

10. $(F/P, 5\%, 8)$的复利终值系数是(　　)。

A. 1. 2763　B. 0.7835　C. 5.5256　D. 1.4775

11. $(F/A, 5\%, 10)$的年金终值系数是(　　)。

A. 12.578　B. 7.835　C. 7.7217　D. 1.477

12. $(P/F, 3\%, 5)$的复利现值系数是(　　)。

A. 0.263　B. 0.8626　C. 5.309　D. 2.577

13. $(P/A, 8\%, 3)$的年金现值系数是(　　)。

A. 3.246　B. 3.215　C. 5.5256　D. 2.5771

14. 某人将10 000元资金存入银行,存入期限为2年,利率为9% ,按复利计算的利息额为(　　)元。

A. 11 880　B. 7835　C. 1295　D. 1881

15. 张某存入银行50 000元,存期8年,年利息率3% ,其8年后的复利终值是(　　)。

A. 72 763　B. 78 350　C. 63 340　D. 14 770

16. 李某5年后将获得120 000元,假设年利息率5% ,复利计息,这笔款项的现值是(　　)。

A. 92 763　B. 94 022　C. 153 120　D. 163 120

17. (　　)与资本回收系数互为倒数。

A. 普通年金终值系数　B. 普通年金现值系数

C. 复利现值系数　D. 复利终值系数

18. 以金额表示的收益与期初资产的价值(价格)相关,不利于不同规模资产之间收益的比较;而以百分数表示的收益则是一个相对指标,便于不同规模下资产收益的比较和分析。所以,通常情况下,我们都是用(　　)的方式来表示资产的收益。

A. 收益额　B. 风险额　C. 风险率　D. 收益率

19. (　　)表示已经实现或者确定可以实现的资产收益率,表述为已实现或确定可以实现的利息(股息)率与资本利得收益率之和。

A. 名义收益率　B. 实际收益率　C. 预期收益率　D. 无风险收益率

20. 一般情况下,为了方便起见,通常用(　　)的利率近似地代替无风险收益率。

A. 公司债券　B. 长期国库券　C. 银行债券　D. 短期国库券

21. 当预期收益率相同时,(　　)都会偏好于具有低风险的资产;而对于同样风险的资产,他们则都会钟情于具有高预期收益的资产。

A. 风险回避者　B. 风险中立者　C. 风险追求者　D. 风险转移者

22. (　　)选择资产的原则是：当预期收益相同时，选择风险大的，因为这会给他们带来更大的效用。

A. 风险回避者　　B. 风险中立者　　C. 风险追求者　　D. 风险转移者

三、多项选择题(选出选项中两个或两个以上的正确答案填入括号内)

1. 下列属于年金的是(　　)。

A. 普通年金　　B. 预付年金　　C. 递延年金　　D. 永续年金

2. 下列属于后付年金的是(　　)。

A. 普通年金　　B. 预付年金　　C. 递延年金　　D. 永续年金

3. 下列属于年金表现形式的是(　　)。

A. 每年年末支付的租金　　B. 养老保险金

C. 违约金　　D. 按照平均年限法计提的折旧

4. 某人将50 000元资金存入银行，存入期限为6年，利率为4%，按复利计算，2年后，此人能取出(　　)元，其中利息额为(　　)元。

A. 13 265　　B. 64 770　　C. 63 265　　D. 14 770

5. 某人现将资金20 000元存入银行，存入期限为10年，利率为3%，按单利计算，10年后，此人能取出(　　)元，按复利计算，10年后，此人能取出(　　)元。

A. 26 000　　B. 26 130　　C. 26 878　　D. 26 906

6. 某人每年年末存入银行资金20 000元，存入期限为6年，利率为3%，按复利计算，6年后，此人能取出(　　)元，相当于现在一次性存入银行(　　)元。

A. 123 250　　B. 108 344　　C. 129 368　　D. 114 770

7. 下列说法中正确的是(　　)。

A. "单利终值系数"，可以用符号$(F/P, i, n)$来表示

B. "复利终值系数"，可以用符号$(F/P, i, n)$来表示

C. "复利现值系数"，可以用符号$(P/A, i, n)$来表示

D. "年金终值系数"，可以用符号$(F/A, i, n)$来表示

8. 下列说法中正确的是(　　)。

A. 时间价值是货币所有者推迟消费的报酬

B. 时间价值是放弃流动偏好的报酬

C. 时间价值不可能由"时间"创造，而只能由工人的劳动创造

D. 时间价值的真正来源是工人创造的剩余价值

9. 下列说法中正确的是(　　)。

A. 复利终值系数与复利现值系数互为倒数

B. 普通年金终值系数与普通年金现值系数互为倒数

C. 普通年金终值系数与偿债基金系数互为倒数

D. 普通年金终值系数与资本回收系数互为倒数

10. 资产的收益一般情况下，有两种表述方式，是(　　)。

A. 收益额　　B. 风险额　　C. 风险率　　D. 收益率

11. 收益率有以下几种类型(　　)。

A. 名义收益率　　B. 实际收益率　　C. 预期收益率　　D. 无风险收益率

12. 必要收益率由(　　)和(　　)组成。

A. 风险收益率　　B. 实际收益率　　C. 预期收益率　　D. 无风险收益率

13. 风险控制的对策一般包括(　　)。

A. 规避风险　　B. 减少风险　　C. 转移风险　　D. 接受风险

14. 对可能给企业带来灾难性损失的资产,企业应以一定的代价,采取某种方式转移风险。如(　　)。

A. 向保险公司投保

B. 采取合资、联营、联合开发等措施实现风险共担

C. 通过技术转让、租赁经营方式

D. 业务外包

15. 减少风险的常用方法有(　　)。

A. 采用多领域、多地域、多项目、多品种的经营或投资方式

B. 对决策进行多方案优选和替代

C. 及时与政府部门沟通获取政策信息

D. 在发展新产品前,充分进行市场调研

16. 根据人们的效用函数的不同,可以按照其对风险的偏好分为(　　)。

A. 风险回避者　　B. 风险追求者　　C. 风险转移者　　D. 风险中立者

四、判断改错题(判断正确或错误,正确的在括号内填"√",错误的填"×",如果错误请改正)

1. 资金时间价值是指一定量的资金在不同时点上的价值量差额。(　　)

2. 时间价值不可能由"时间"创造,而只能由工人的劳动创造,时间价值的真正来源是工人创造的剩余价值。(　　)

3. 时间流逝就能获得报酬,所以时间价值是由"时间"创造的。(　　)

4. 时间价值,即利息,利息=终值-现值。(　　)

5. 在相同条件下,复利的利息要高于单利的利息。(　　)

6. 同样的本金(现值)、利率、年限,由于计算方式不同(单利与复利),所取得的时间价值(利息)也不同,复利要高于单利。(　　)

7. 复利终值系数与年金终值系数互为倒数。(　　)

8. 永续年金可以看成是无限期的普通年金。(　　)

9. 普通年金是指从第一期开始每期期初收付款的年金。(　　)

10. 资产的收益有两种表述方式:一种是收益额,一种是收益率。(　　)

11. 资产的收益率是以百分比表示的,是资产增值量与期初资产价值(价格)的比值。(　　)

12. 收益额不利于不同规模资产之间收益的比较,而收益率则是一个相对指标,便于不同规模下资产收益的比较和分析。所以,通常情况下,我们都是用收益额的方式来表示资产的收益。(　　)

13. 名义收益率表示已经实现或者确定可以实现的资产收益率,表述为已实现或确定可以实现的利息(股息)率与资本利得收益率之和。(　　)

14. 对可能给企业带来灾难性损失的资产,企业应以一定的代价,采取某种方式转移风险。如向保险公司投保;通过技术转让、租赁经营和业务外包等实现风险转移等等。(　　)

15. 接受风险包括风险自担和风险自保两种。(　　)

16. 当预期收益率相同时,风险回避者都会偏好于具有低风险的资产;而对于同样风险的资产,他们则都会钟情于具有高预期收益的资产。(　　)

17. 风险追求者主动追求风险,喜欢收益的动荡胜于喜欢收益的稳定。他们选择资产的原则是:当预期收益相同时,选择风险大的,因为这会给他们带来更大的效用。(　　)

18. 一般的投资者和企业管理者都是风险追求者。(　　)

19. 风险中立者既不回避风险,也不主动追求风险。他们选择资产的唯一标准是风险状况,而不管预期收益的大小。(　　)

五、简述题

1. 简述资金时间价值的含义。
2. 简述资产收益的含义及表述方式。
3. 简述资产收益率的类型。
4. 简述风险控制的对策。
5. 简述风险偏好的类型。

六、计算分析题

1. 王某借给张某10 000元，期限3年，约定年利息率5%，按单利法计算利息，3年后王某可收回多少钱？其中收到的利息为多少？

2. 王某借给张某10 000元，期限3年，约定年利息率5%，按复利法计算利息，3年后王某可收回多少钱？其中收到的利息为多少？

3. 赵某借入现金26 000元，期限2年，约定年利息率6%，按单利法计算利息，2年后赵某应归还多少钱？其中支付的利息为多少？

4. 赵某借入现金26 000元，期限3年，约定年利息率6%，按复利法计算利息，3年后赵某应归还多少钱？其中支付的利息为多少？

5. 王某存入银行20 000元，年利息率4%，5年后其复利终值及利息各为多少？

6. 小李准备3年后取出50 000元出国旅游，假如银行存款年复利率5%，小李现在需要一次性存入银行多少钱？

7. 张某计划每年年末存入银行30 000元，连续存5年，假如银行存款年利率8%，5年后可取出多少钱？

8. 李某计划10年后能得到850 000元用于购置住房，假如银行存款年复利率5%，李某需在今后10年每年年末存入银行多少钱？

9. 王女士准备为儿子储蓄10万元的教育基金，存期是5年，每年年末存入，假如银行存款年利率5%，则王女士需要每年年末存入多少钱？

10. 黄先生3年后有一笔60 000元的借款要归还，假如银行存款年利率3%，按复利计息，黄先生每年年末应存入银行多少钱才能归还该借款？

11. 李女士每年年末存入银行50 000元，年利率为5%，存款期限为10年，要求计算10年后该笔款项的终值和现值。

12. 某企业租赁一套设备，租期5年，每年年末需要支付10万元，如果利率为6%，则相当于现在一次性支付多少钱租金？

13. 王女士现在存入银行20万元，准备分8年每年年末等额取出，银行利率为4%，则王女士每年年末能等额取出多少钱？

14. 某公司现在一次性借入50万元，银行要求在以后10年中每年年末等额偿还，利率7%，则该公司每年年末需要偿还多少钱？

15. 王女士欲购置一套报价为80万元的商品房，房产商给出三种付款方案：

(1)第一年年末付24万元，第二年年末付28万元，第三年年末交房时再付28万元，合计80万元。

(2)分四年等额支付，每年年末付20万元，合计80万元。

(3)一次性付清全部房款，需支付76万元。

假如目前市场年利率为6%，按复利计息。王女士应选择哪种付款方案最为有利？并分析原因。

第三章 筹资管理

一、名词解释

1. 筹资

2. 权益性筹资

3. 债权性筹资

4. 定性预测法

5. 定量预测法

6. 销售百分比法

7. 因素分析法

8. 银行借款成本

9. 债券成本

10. 普通股成本

11. 吸收直接投资

12. 利用商业信用

13. 敏感性项目

14. 资金成本

15. 综合资金成本

二、单项选择题(选出选项中唯一正确的答案填入括号内)

1. 企业筹资按所筹资金(　　)分类,可分为权益性筹资和债权性筹资。
   A. 来源、范围　B. 性质　C. 使用期限　D. 是否借助金融机构
2. 下列属于企业筹资渠道的是(　　)。
   A. 吸收直接投资　B. 国家财政资金　C. 利用留存收益　D. 发行债券
3. 下列属于企业筹资方式的是(　　)。
   A. 银行信贷资金　B. 民间闲置资金　C. 企业自留资金　D. 发行股票
4. 企业通过发行股票、吸收直接投资、利用留存收益等方式筹集的资金都属于企业的(　　)。
   A. 所有者权益　B. 负债　C. 全部资金来源　D. 结存
5. 企业筹资的目的不包括(　　)。
   A. 满足企业初期创建的需要　B. 满足企业扩张经营规模的需要
   C. 满足企业偿还到期债务的需要　D. 满足企业牟取暴利的需要
6. 下列不属于筹资方式的是(　　)。
   A. 吸收直接投资　B. 向银行借款　C. 融资租赁　D. 企业自留资金
7. 下列不属于权益性筹资的是(　　)。
   A. 吸收直接投资　B. 利用留存收益　C. 向银行借款　D. 发行股票
8. 企业资金运动的起点是(　　)。
   A. 资金筹集　B. 资金周转　C. 资金循环　D. 资金退出
9. 利用直观的资料,依靠个人的经验和主观分析、判断能力,对未来资金需求量做出预测的方法的叫作(　　)。
   A. 定量预测法　B. 定性预测法　C. 销售百分比法　D. 因素分析法
10. 企业资金需要量的定量预测法包括(　　)。
    A. 经验分析法　B. 判断分析法　C. 主观推测法　D. 因素分析法
11. 根据销售额指标与资产负债表有关项目之间的比例关系,预测资金需要量和追加筹资额的方法叫作(　　)。
    A. 定量预测法　B. 定性预测法　C. 销售百分比法　D. 因素分析法
12. 销售百分比法属于(　　)。
    A. 定性预测法　B. 定量预测法　C. 内部预测法　D. 外部预测法
13. 下列不属于敏感性项目的有(　　)。
    A. 现金　B. 应收账款　C. 存货　D. 固定资产
14. 以有关资本项目上年度的实际平均需要量为基础,根据预测年度的生产经营任务和加速资本周转的要求,进行分析调整,来预测资本需要量的方法叫作(　　)。

A. 定量预测法　B. 定性预测法　C. 销售百分比法　D. 因素分析法

15. 通常用于品种繁多、规格复杂、用量较小、价格较低的资本占用项目，也可以用于匡算企业全部资本的需要量的方法是(　　)。

A. 销售百分比法　B. 因素分析法　C. 主观推测法　D. 经验分析法

16. 因素分析法中不需要考虑的因素有(　　)。

A. 销售量的变动　B. 资产价格的变动

C. 资本周转速度变动　D. 筹资的难度

17. 因素分析法需要考虑的各因素中，与资金需要量成反比的因素是(　　)。

A. 销售量的变动　B. 资产价格的变动

C. 资本周转速度变动　D. 投资者信用情况

18. 综合资金成本是以(　　)为权数，对各种资金成本进行加权平均计算出来的。

A. 各种资金的数量　B. 各种资金的资金成本

C. 各种资金占总资金的比重　D. 各种资金成本占总资金成本的比重

19. 某公司发行普通股股票 600 万元，筹资费用率为 5 %，第一年股利率为 14%，预计股利每年增长 5 %，所得税率 33 %。则该普通股资本成本率为（　　）。

A. 14.74 %　B. 9.87 %　C. 19.74 %　D. 14.87 %

20. 某公司利用长期债券、优先股、普通股、留存收益来筹集长期资金 1000 万元，分别为 300万元、100万元、500万元、100万元，资金成本率分别为 6 %、11 %、12 %、15 %。则该筹资组合的综合资金成本率为(　　)。

A. 10.4%　B. 10 %　C. 12%　D. 10.6 %

三、多项选择题(选出选项中两个或两个以上的正确答案填入括号内)

1. 目前我国企业筹集资金的方式主要有以下几种(　　)。

A. 吸收直接投资　B. 发行股票　C. 向银行借款　D. 发行债券

2. 在下列各项中，能够为企业筹集权益资金的方式有(　　)。

A. 吸收直接投资　B. 利用留存收益　C. 融资租赁　D. 发行股票

3. 企业筹资的目的包括(　　)。

A. 满足企业初期创建的需要　B. 满足企业扩张经营规模的需要

C. 满足企业偿还到期债务的需要　D. 满足企业应付偶发事件的需要

4. 下列不属于债权性筹资的是(　　)。

A. 国家财政资金　B. 利用商业信用　C. 利用留存收益　D. 发行股票

5. 下列属于资金需要量预测的方法有(　　)。

A. 定量预测法　B. 定性预测法　C. 销售百分比法　D. 因素分析法

6. 下列选项中，属于企业定量预测法的有(　　)。

A. 经验分析法　B. 销售百分比法　C. 主观推测法　D. 因素分析法

7. 企业采用因素分析方法预测时，应在上年度资本平均占用额的基础上，剔除其中的不合理部分，下列属于不合理部分的有(　　)。

A. 呆滞物资　B. 积压存货　C. 呆账死账　D. 闲置固定资产

8. 采用因素分析法来分析预测资金需要量要考虑的因素主要有(　　)。

A. 销售量的变动　　B. 资产价格的变动

C. 资本周转速度变动　　D. 筹资渠道

9. 因素分析法各因素中,与资金需要量成正比的因素是(　　)。

A. 销售量的变动　　B. 资产价格的变动

C. 资本周转速度变动　　D. 投资者信用情况

10. 下列属于敏感性项目的有(　　)。

A. 现金　　B. 对外投资　　C. 存货　　D. 短期借款

11. 下列说法中正确的有(　　)。

A. 常用的定量预测法有销售百分比法和因素分析法

B. 销售百分比法是根据销售额指标与资产负债表有关项目之间的比例关系，预测资金需要量和追加筹资额的方法

C. 因素分析法计算较复杂,但预测结果比较准确

D. 因素分析法适用于品种繁多、规格复杂、用量较小、价格较低的资本占用项目

12. 资金成本可以用(　　)表示。

A. 绝对数　　B. 相对数　　C. 资金成本率　　D. 折现率

13. 资本成本可以用绝对数表示,也可以用相对数表示。用相对数表示的计算公式为(　　)。

A. $资本成本=\frac{资金使用费用}{筹集资金总额\times(1-筹资费率)}$

B. $资本成本=\frac{资金使用费用}{筹集资金总额-资金筹集费用}$

C. $资本成本=\frac{资金使用费用}{筹集总额}$

D. $资本成本=\frac{资金费用}{筹集资金总额-资金筹集费用}$

14. 银行借款成本是指企业使用银行借款支付的借款利息和筹资费用,其计算公式为(　　)。

A. $银行借款成本率=\frac{利息\times(1-所得税税率)}{筹资总额-筹资费用}$

B. $银行借款成本率=\frac{利息\times(1-所得税税率)}{筹资总额}$

C. $银行借款成本率=\frac{利息\times(1-所得税税率)}{筹资总额\times(1-筹资费用率)}$

D. $银行借款成本率=\frac{利息\times(1-所得税税率)}{筹资费用}$

15. 综合资本成本是指企业全部长期资本的总成本,其计算公式错误的是(　　)。

A. 加权平均资本成本=$\sum$(某种资金成本率×该种资金的数量)

B. 加权平均资本成本=$\sum$(某种资金成本率×该种资金的资金成本)

C. 加权平均资本成本=∑(某种资金成本率×该种资金占全部资金的比重)

D. 加权平均资本成本=∑(某种资金成本率×该种资金成本占总资金成本的比重)

四、判断改错题(判断正确或错误,正确的在括号内填"√",错误的填"×",如果错误请改正)

1. 所谓筹集资金的渠道,是指企业如何取得资金,即筹集资金的方式。(　　)

2. 资金筹集当然是越多越好。(　　)

3. 资金的使用即资金的循环和周转,是企业资金运动的起点。(　　)

4. 吸收投资中的出资者都是企业的所有者。(　　)

5. 企业通过吸收直接投资、发行股票、利用留存收益等方式筹措形成企业权益性筹资,属于企业的所有者权益。(　　)

6. 所谓敏感性项目,就是指假定的与销售额存在固定比例关系的资产,一般不会随销售额的增减而变动。(　　)

7. 对外投资、固定资产净额、短期借款、实收资本属于敏感性项目。(　　)

8. 定性预测结果的准确性较高,一般作为预测的主要方法。(　　)

9. 因素分析法适用于品种单一、价格较高的资本占用项目。(　　)

10. 采用因素分析法时,直接在上年度资本平均占用额的基础上结合各因素变动进行预测。(　　)

11. 资金成本可以用绝对数表示,也可以用相对数表示。在实际工作中,为了便于分析比较,资本成本通常以相对数表示,即以资本成本率表示。(　　)

12. 债券成本仅指企业发行债券筹集资金所支付的债券利息。(　　)

13. 普通股成本是企业发行普通股筹集资金所支付的发行费用及支付的普通股的股息。(　　)

14. 综合资本成本是指企业全部长期资本的总成本,通常是以各种资本成本占全部资本成本的比重为权数。(　　)

15. 综合资金成本是对个别资本成本进行加权平均确定的,故亦称加权平均资本成本。( )

五、简述题

1. 简述企业筹资的方式有哪些。
2. 简述企业筹资的种类。
3. 简述企业筹资的目的。
4. 简述企业筹资的原则。
5. 简述企业资金需要量的预测方法。
6. 简述因素分析法的含义。
7. 简述销售百分比法的基本步骤。
8. 简述资金成本的含义及内容。
9. 简述综合资金成本的含义及计算程序。

六、计算分析题

1. 某企业基期实际资金占用数额为189万元,其中20万元属于呆滞积压物资;预测该企业预计业务量将增加10%,资产价格将降低2%,资金周转速度将提高5%。

要求:根据上述资料预测该企业资金需要量。

2. 某企业2007—2011年的产销数量和资金占用量的历史资料如下表所示,该企业2012年预计产销量为95 000件。

要求:采用高低点法预测该企业2012年的资金需要量。

年度	产量(x)(万件)	资金占用量(y)(万元)
2007	8.0	650
2008	7.5	640
2009	7.0	630
2010	8.5	680
2011	9.0	700

3. 某企业从银行借入长期借款200万元,借款利率为10%,期限为3年,到期还本,按年付息,筹资费用率为2%,所得税税率为33%,问:银行借款成本率为多少?

4. 某企业拟发行3年期债券100万元(每张面值为100元),每年付息一次,筹资费用率为8%,年利息率为12%,所得税税率为33%,预计将折价发行,价格共计180万元。问:该债券的成本率为多少?

5. 某公司拟发行普通股股票300万元,实际筹资总额为350万元,筹资费用率为5%,第一年股利率为12%,以后每年增长10% 。问:普通股成本率为多少?

6. 某公司拟发行优先股总面额180万元,总价为225万元,筹资费用率为8%,规定年股利率为15%。则优先股成本率为多少?

7. 某公司现有如下两种筹资方案可供选择，要求：根据资料分别测算两个方案的加权平均资本成本，并选择最佳资本结构。

筹资方式	A 方案			B 方案		
	筹资额(万元)	比重(%)	资金成本	筹资额(万元)	比重(%)	资金成本
普通股	190	47.5	15%	140	35	15%
优先股	10	2.5	12%			
公司债券	80	20	7%	60	15	8%
长期借款	120	30	6%	200	50	6.5%
合计	400	100	–	400	100	–

第四章　流动资产管理

一、名词解释

1. 流动资产

2. 现金

3. 现金的交易性需要

4. 现金的预防性需要

5. 现金的投机性需要

6. 现金的机会成本

7. 应收账款

8. 信用标准

9. 现金折扣

10. 存货

11. 存货经济批量

二、单项选择题(选出选项中唯一正确的答案填入括号内)

1. 可以在一年或超过一年的一个营业周期内变现或耗用的资产是(　　)。

A. 固定资产　　B. 流动资产　　C. 长期资产　　D. 无形资产

2. 下列不属于流动资产特点的是(　　)。

A. 回收期短　　B. 变现能力弱　　C. 数量波动大　　D. 占用形态经常变化

3. 下列不属于流动资产的是(　　)。
   A. 库存商品　　B. 应付账款　　C. 原材料　　D. 预付账款
4. 现金资产的特点是(　　)。
   A. 流动性强,收益性差　　B. 流动性强,收益性强
   C. 流动性差,收益性强　　D. 流动性差,收益性差
5. 购买原材料、支付工资、缴纳税款等属于现金的(　　)。
   A. 交易性需要　　B. 预防性需要　　C. 赚取收益需要　　D. 投机性需要
6. 下列项目中,不属于现金持有动机中交易性需要的是(　　)。
   A. 派发现金股利　　B. 支付工资　　C. 缴纳所得税　　D. 购买股票
7. 现金的预防性需要是指企业持有现金以应付(　　)对现金的需求。
   A. 日常业务　　B. 意外事件　　C. 偿还债务　　D. 特殊交易活动
8. 现金的投机性需要是指企业持有现金以应付(　　)对现金的需求。
   A. 日常业务　　B. 意外事件　　C. 偿还债务　　D. 特殊交易活动
9. 企业为满足现金需要,将有价证券转换为货币资金所支付的费用是(　　)
   A. 机会成本　　B. 管理成本　　C. 转换成本　　D. 投资成本
10. 一般情况下,现金持有额越大(　　)。
   A. 机会成本越低　　B. 管理成本越高　　C. 机会成本越高　　D. 管理成本越低
11. 大华公司每年(360天)现金需求额为200万元,每次转换的转换费用为40 元,资金利用率为10%,则该公司的最佳现金持有量为(　　)。
   A. 2万元　　B. 4万元　　C. 3万元　　D. 5万元
12. 下列有关现金周转期表述正确的是(　　)。
   A. 现金周转期=存货周转期+应收账款周转期+应付账款周转期
   B. 现金周转期=存货周转期-应收账款周转期+应付账款周转期
   C. 现金周转期=存货周转期+应收账款周转期-应付账款周转期
   D. 现金周转期=存货周转期-应收账款刷转期-应付账款周转期
13. 持有过量现金可能导致的不利后果是(　　)。
   A. 财务风险加大　　B. 收益水平下降
   C. 偿债能力下降　　D. 资产流动性下降
14. 企业在进行现金管理时,可利用的现金浮游量是指(　　)。
   A. 企业账户所记存款余额
   B. 银行账户所记存款余额
   C. 企业账户与银行账户所记存款余额之差
   D. 企业实际现金余额超过最佳现金持有量之差
15. 下列各项不属于应收账款的管理成本的是(　　)
   A. 调查顾客信用情况的费用
   B. 一部分应收账款不能如数收回而发生的损失
   C. 收账费用

D. 账簿的记录费用

16. 下列费用中,属于应收账款机会成本的是(　　)。

A. 收账费用　　B. 坏账损失

C. 转换费用　　D. 投资于应收账款而丧失的再投资收益

17. 在其他因素不变的情况下,企业采取积极的收账政策,可能导致的后果是(　　)。

A. 坏账损失增加　　B. 应收账款投资增加

C. 收账费用增加　　D. 平均收账期延长

18. 对现金折扣的表述,正确的是(　　)。

A. 又称商业折扣　　B. 折扣越低,企业付出的代价越高

C. 目的是为了加快账款的回收　　D. 为了增加利润,应当取消现金折扣

19. 下列各项中,企业制定信用标准时不予考虑的因素是(　　)。

A. 同行业竞争对手的情况　　B. 企业自身的资信程度

C. 客户的资信程度　　D. 企业承担违约风险的能力

20. 经济批量是一定时期内(　　)总和最低的采购批量。

A. 采购成本和订货成本　　B. 储存成本和订货成本

C. 采购成本和储存成本　　D. 采购成本、订货成本和储存成本

21. 采用ABC分类法对存货进行控制时,应当重点控制的是(　　)

A. 数量较多的存货　　B. 占用资金较多的存货

C. 品种较多的存货　　D. 库存时间较长的存货

22. 存货ABC分类的标准中,最基本的标准是(　　)。

A. 数量标准　　B. 品种标准　　C. 金额标准　　D. 重量标准

23. 存货ABC分类分类管理法中,三类存货金额比重大致为(　　)。

A. A:B:C=1:2:7　　B. A:B:C=7:2:1

C. A:B:C=1:1:1　　D. A:B:C=2:1:7

三、多项选择题(选出选项中两个或两个以上的正确答案填入括号内)

1. 下列不属于流动资产的是(　　)。

A. 库存商品　　B. 应付账款　　C. 原材料　　D. 管理费用

2. 下列属于流动资产特点的是(　　)。

A. 周转具有短期性　　B. 容易变现

C. 数量具有波动性　　D. 循环与生产经营周期具有一致性

3. 流动资产按照占用形态分类,应包括(　　)。

A. 短期投资　　B. 应收账款　　C. 存货　　D. 现金

4. 企业持有现金主要为了满足 (　　)需要。

A. 交易性需要　　B. 预防性需要　　C. 赚取收益需要　　D. 投机性需要

5. 企业持有的现金总额通常小于各种需要的现金余额之和,因为(　　)。

A. 各种需要所需保持的现金并不要求必须是货币形态

B. 变现质量好的有价证券或其他资产可以随时变现

C. 现金在不同时点上可以灵活使用

D. 各种动机所需要的现金可以调剂使用

6. 持有现金的成本一般包括(　　)。

A. 管理成本　　B. 机会成本　　C. 转换成本　　D. 短缺成本

7. 为了确定最佳现金持有量,企业可以采用的方法是(　　)。

A. 成本分析模式　　B. 现金周转期法　　C. 存货模式　　D. 银行业务集中模式

8. 现金持有量与各项成本之间的关系是(　　)。

A. 与机会成本正相关　　B. 与管理成本负相关

C. 与短缺成本正相关　　D. 与短缺成本负相关

9. 加强现金回收管理的方法主要有(　　)。

A. 邮政信箱法　　B. 推迟支付应付款

C. 采用汇票付款　　D. 银行业务集中法

10. 控制现金支出管理的方法主要有(　　)。

A. 邮政信箱法　　B. 推迟支付应付款

C. 合理利用现金"浮游量"　　D. 银行业务集中法

11. 应收账款的功能一般包括(　　)。

A. 促进销售　　B. 尽快回收资金　　C. 减少存货　　D. 提高效率

12. 应收账款的成本一般包括(　　)。

A. 管理成本　　B. 机会成本　　C. 转换成本　　D. 坏账成本

13. 下列有关信用期限的表述中,正确的有(　　)。

A. 缩短信用期限会减少销售

B. 延长信用期限会扩大销售

C. 延长信用期限将增加销售收入,收账费用和坏账损失同时会增加

D. 延长信用期限将增加销售收入,收账费用和坏账损失会减少

14. 对企业进行信用调查所获得的资料主要来源于(　　)。

A. 有关单位的财务报表

B. 通过直接与调查单位接触,当面询问、观看及记录等方式获取的有关资料

C. 专门的信用评估机构评估后发布的资料

D. 银行、财税部门等提供的资料

15. 企业的信用评估方法一般包括(　　)。

A. 5C评估法　　B. 减少坏账损失法

C. 账龄分析法　　D. 信用评分法

16. 企业提供现金折扣政策的目的有(　　)。

A. 及时收回货款　　B. 减少坏账损失　　C. 延时收回货款　　D. 增加坏账损失

17. 评价客户资信程度时应考虑的因素有(　　)。

A. 品质　　B. 能力　　C. 资本　　D. 抵押

18. 若给定的信用条件为"2/10,n/30",则表明(　　)。

A. 信用期为30天　B. 折扣期为10天　C. 现金折扣为2%　D. 折扣期为30天

19. 下列属于企业存货的是(　　)。

A. 原材料　B. 库存商品　C. 在产品　D. 应收款项

20. 存货的功能一般包括(　　)。

A. 降低进货成本　B. 防止停工待料　C. 适应市场变化　D. 维持均衡生产

21. 存货的成本包括(　　)。

A. 购置成本　B. 订货成本　C. 储存成本　D. 缺货成本

22. 存货的日常管理方法一般包括(　　)。

A. 存货ABC分类法　B. 防止停工待料法

C. 存货归口分级管理法　D. 账龄分析法

23. 下列说法正确的是(　　)。

A. A类存货应实施严格控制　B. B类存货可根据实际情况采取灵活措施

C. C类存货可凭经验确定进货量　D. A、B、C类存货应同样管理

四、判断改错题(判断正确或错误,正确的在括号内填"√",错误的填"×",如果错误请改正)

1. 流动资产是专指一年内可以变现或耗用的资产。(　　)

2. 现金是企业中流动性最弱的流动资产。(　　)

3. 企业的货币资金是用于应付企业交易及意外事件的需要,所以不得用于证券投资。(　　)

4. 企业持有的现金总额应大于各种动机所需现金余额之和。(　　)

5. 在存货模式中持有现金的机会成本与固定性转换成本相等时,现金管理的相关总成本最低,此时的现金持有量为最佳现金持有量。(　　)

6. 企业现金持有量过多会降低企业的收益水平。(　　)

7. 如果企业的借款能力较强,保障程度较高,则可适当增加预防性现金的数额。(　　)

8. 存货周转期是指将原材料转化成产成品并销售掉所需要的时间。(　　)

9. 如果公司的坏账率为零,可能意味着公司的信用标准过于严格。(　　)

10. 利用"5C"评估系统评价顾客信誉时,其中能力是指该公司管理者的诚实和正直表现。(　　)

11. 赊销是扩大销售的有力手段之一，企业应无限制放宽信用条件，增加赊销量。(　　)

12. 企业采用较消极的收账政策，则可能会增加坏账损失，但会减少收账成本。(　　)

13. 应收账款的坏账成本一般与应收账款发生的数量成反比，即应收账款越多，坏账成本越少。(　　)

14. 只有当应收账款所增加的盈利超过所增加的成本时，才应当实行应收账款赊销。(　　)

15. 现金折扣是为了鼓励顾客多买商品而给予的价格优惠，也就是购买数量越多，价格越便宜。(　　)

16. 缺货成本是指因存货不足而给企业造成的损失，在一般存货决策时应考虑缺货成本。(　　)

17. 在存货年需要量确定的情况下，经济订购批量越大，进货时间间隔越长。(　　)

18. 一般来讲，当某种存货品种数量比重达到70%左右时，可将其划分为A类存货，进行重点管理和控制。(　　)

19. 在存货ABC控制法下，应当重点管理的是那些虽然数量较少，但金额较大的存货。(　　)

五、简述题

1. 简述企业流动资产的特点。
2. 简述企业流动资产的分类。
3. 简述企业持有现金的动机与成本。
4. 简述企业现金的日常管理方法。
5. 简述企业应收账款的功能与成本。
6. 简述企业信用政策的内容。
7. 简述企业应收账款的日常管理方法。
8. 简述5C评估法的内容。
9. 简述企业存货的功能与成本。
10. 简述企业存货ABC分类管理法。

六、计算分析题

1. 华联公司有甲乙丙丁四种现金持有方案，有关成本资料见表。

项目	甲	乙	丙	丁
现金持有量	30 000	50 000	70 000	100 000
管理成本	3000	3000	3000	3000
短缺成本	5000	2000	1000	0

已知目前市场平均机会成本率是8%，要求填写下表，并指出该公司的最佳现金持有量。

项　目	甲	乙	丙	丁
现金持有量				
管理成本				
短缺成本				
机会成本				
总成本				

2. 长虹电器公司预计全年现金需要量为10万元，每天资金支出量基本稳定，现金与有价证券的转换成本为每次450元，有价证券的利息率为10%，要求计算该公司的最佳现金持有量。

3. 大华公司全年现金需要量为40万元，每天资金支出量保持稳定，每次有价证券转换费用为40元，有价证券利息率为8%，要求计算该公司的最佳现金持有量。

4. 某企业预计全年需要现金48万元，预计存货周转期为80天，应收账款周转期为50天，应付账款周转期为40天。

要求按现金周转期模式计算最佳现金持有量。

5. 康佳公司全年需要甲零件4800件，每次的订货成本为800元，每件年储存成本为3元。

(1)要求使用逐批测试法(即假设年采购1、2、3、4、5、6批六种情况)填写下表，并指出该公司最佳经济订购批量。

(2)用公式法计算该公司最佳经济订购批量。

项目	各种批量					
订货批数(批)	1	2	3	4	5	6
订货批量(件)						
年储存成本(元)						
年订货成本(元)						
年总成本合计(元)						

6. 大华公司每年计划销售红茶3000箱，每箱进货价为15元，平均每次订货费用为30元，每箱年储存成本为2元。

(1)要求计算该公司的经济进货批量。

(2)要求计算该公司经济进货批量下的存货相关总成本。

(3)要求计算该公司经济进货批量下的订货成本和储存成本。

7. 长江公司全年用某材料5000千克，平均每次进货费用60元，每千克每月储存费用为0.2元。

(1)要求计算该公司的经济进货批量。

(2)要求计算该公司经济进货批量下的存货相关总成本。

(3)要求计算该公司经济进货批量下的订货成本和储存成本。

(4)要求计算该公司的全年进货次数。

(5)要求计算该公司的进货时间间隔。

第五章 投资管理

一、名词解释

1. 投资

2. 短期投资

3. 长期投资

4. 机会成本

5. 项目投资

6. 营业现金流入量

7. 投资回收期

8. 净现值法

9. 股票投资

10. 债券投资

二、单项选择题(选出选项中唯一正确的答案填入括号内)

1. (　　)是指将财力投放于一定的对象,以期望在未来获取收益或某种权利的经济行为。

A. 投资　B. 筹资　C. 分配　D. 盈利

2. 短期投资也称为(　　)投资,是指准备在一年或超过一年但在一个营业周期内收回的投资。

A. 固定资产　B. 对内投资　C. 对外投资　D. 流动资产

3. 对房屋、建筑物、机器设备等能形成生产能力的投资,称为(　　)。

A. 固定资产投资　B. 对外投资　C. 短期投资　D. 流动资产

4. 通过(　　)投资可以分散风险。

A. 单一　B. 多样化　C. 项目　D. 实物

5. 付现成本可以用全部成本费用减(　　)来估计。

A. 现金　B. 利息　C. 折旧　D. 利润

6. 项目投资中不需要每年(　　)的成本费用,称为非付现成本。

A. 投入　B. 回收　C. 核算　D. 支付现金

7. 净现值法的优点是考虑了资金的(　　)。

A. 初始投资额　B. 时间价值　C. 投资报酬率　D. 筹资成本

8. 投资选择时,所放弃的其他投资项目中最高的收益,就是投资中的(　　)。

A. 固定成本　B. 风险成本　C. 机会成本　D. 不变成本

9. 投资按(　　)分为对内投资和对外投资。

A. 投资对象　B. 投资方向　C. 期限长短　D. 涉及内容

10. 静态投资回收期法的优点是(　　)。

A. 计算比较简单,容易理解　B. 考虑资金时间价值

C. 考虑回收期满后现金流量的变化　D. 投资效益评价全面

11. 债券的(　　)是债券未来现金流入量的现值。

A. 面值　B. 价格　C. 利息　D. 价值

12. 某企业计划投资10万元建一生产线,预计投产后每年可获净利1.5万元,年折旧率10%,则投资回收期为(　　)。

A. 3年　B. 4年　C. 5年　D. 6年

13. 不属于项目投资特点的有(　　)。

A. 投资数额大　B. 对企业影响时间长

C. 投资风险大　D. 项目用途可以改变

14. (　　)是不考虑资金时间价值,直接按收回初始投资额所需时间判定方案是否可行的方法。

A. 静态回收期　B. 动态回收期　C. 净现值　D. 内含报酬率

15. 不属于债券投资的优点的是(　　)。

A. 购买力风险低　B. 本金安全性高　C. 收入稳定性强　D. 市场流动性好

16. 不属于股票投资的优点的是(　　)。

A. 购买力风险低　B. 投资收益高　C. 拥有经营控制权　D. 收入不稳定

17. 某企业拟投资90万元,预计每年现金净流入额依次为24万元、30万元、40万元、36万元,则静态回收期为(　　)年。

A. 2.9　B. 2.8　C. 3　D. 3.1

18. 某投资方案的年营业收入为10万元,年总营业成本为6万元,其中年折旧额1万元。

所得税率为25%，该方案的每年营业现金流量为(　　)元。

A. 26 000　　B. 40 000　　C. 50 000　　D. 30 000

19. 某股票的市价为10元，该企业同期的每股收益为0.5元，该股票的市盈率为(　　)。

A. 20　　B. 30　　C. 5　　D. 10

20. 某公司发行债券面值1000元，利率为12%，期限为2年的债券，当市场利率为10%，发行价格为(　　)元。

A. 1150　　B. 1000　　C. 1034　　D. 985

三、多项选择题(选出选项中两个或两个以上的正确答案填入括号内)

1. 投资按投入的领域分为(　　)。

A. 生产性投资　　B. 对内投资　　C. 对外投资　　D. 非生产性投资

2. 影响投资的因素有(　　)。

A. 机会成本　　B. 投资的风险和收益

C. 筹资能力　　D. 投资环境

3. 项目投资的特点有(　　)。

A. 投资数额较大　　B. 投资回收期长　　C. 变现能力差　　D. 投资风险高

4. 现金流出量包括(　　)。

A. 固定资产变价收入　　B. 原始投资

C. 流动资产投资　　D. 项目所需投入的非货币资产变现价值

5. 项目投资决策的方法主要有(　　)。

A. 净现值法　　B. 内含报酬率法

C. 获利指数法　　D. 静态投资回收期法

6. 证券投资分为(　　)。

A. 对内投资　　B. 对外投资　　C. 债券投资　　D. 股票投资

7. 债券投资的优点是(　　)。

A. 本金安全性高　　B. 收入稳定性强　　C. 市场流动性好　　D. 购买力风险较大

8. 股票投资的优点是(　　)。

A. 价格稳定　　B. 投资收益高　　C. 购买力风险低　　D. 拥有经营控制权

9. 营业现金流入量计算公式有(　　)。

A. 营业收入-付现成本-所得税　　B. 营业收入-全部成本费用-所得税

C. 营业收入-折旧-所得税　　D. 净利润+折旧

10. 现金流入量是指一项投资引起的现金收入的增加额。主要包括(　　)。

A. 营业现金流入量　　B. 固定资产的净残值收入

C. 收回垫支的流动资金　　D. 销售收入

11. 静态投资回收期的缺点是(　　)。

A. 没有考虑资金时间价值　　B. 不易计算和理解

C. 没有考虑回收期满后的营业现金净流量　　D. 考虑资金时间价值

12. 采用净现值法的判断标准是(　　)。

A. 净现值≥0方案可行　　B. 净现值>0方案可行

C. 净现值≤0方案不可行　　D. 净现值<0方案不可行

13. 净现值法的优点(　　)。

A. 考虑资金时间价值　　B. 揭示方案实际的投资报酬率

C. 能够反映各种投资方案的净收益　　D. 容易计算和理解

14. 债券投资的缺点(　　)。

A. 本金安全性高　　B. 收入稳定性强

C. 购买力风险较大　　D. 没有相应管理权

15. 股票投资的缺点(　　)。

A. 求偿权居后　　B. 价格不稳定　　C. 投资收益高　　D. 收入不稳定

四.判断改错题(判断正确或错误,正确的在括号内填"√",错误的填"×",如果错误请改正)

1. 广义的投资包括企业内部的资金投放和使用,以及企业对外部进行的投资。(　　)

2. 机会成本不是实际发生的支出或费用,而是一种潜在的放弃的收益。(　　)

3. 通过多样化投资不可以分散投资风险。(　　)

4. 一般情况下,风险和收益是相伴的,风险大,就意味着未来期望的不确定性越大,收益的可能性就越小。(　　)

5. 将所有的资金投入到一个项目中,这样可以集中资金,减小风险。(　　)

6. 现金流量中的现金是指大范围的现金,包括现金、银行存款等货币资金。(　　)

7. 投资回收期越长,对投资者越有利。(　　)

8. 如果几个方案的投资额相等，且净现值都是正数，那么净现值最大的方案为最优方案。(　　)

9. 投资回收期是根据回收初始投资额所需要的时间的长短来判定投资方案是否可行的方法。(　　)

10. 采用净现值法的决策标准是:净现值≥0为可行方案,净现值< 0为不可行方案。(　　)

11. 净现值法没有考虑资金的时间价值，不能够反映各种方案的净收益。（ ）

12. 将债券价值与当前的债券价格进行对比，只有当债券的价值大于其购买价格时，才值得投资；否则，不应进行投资。（ ）

13. 债券投资的本金安全性低。（ ）

14. 股票预期的未来现值包括每期的预期股利和出售股票时的变价收益。（ ）

15. 股票投资的购买力风险低。（ ）

五、简述题

1. 简述企业项目投资的特点。
2. 简述影响投资的因素有哪些。
3. 简述股票与债券投资的优缺点。
4. 简述投资的分类。
5. 简述现金流入量包含的内容。
6. 简述现金流出量包含的内容。
7. 简述项目投资决策的方法。
8. 简述净现值法的运算步骤。

六、计算分析题

1. 某投资方案的年营业收入为100 000元，年营业成本60 000元，其中折旧额10 000元，所得税率25%，计算该方案的年营业现金流量。

2. 企业投资300 000元建造一项固定资产，按直线法计提折旧，预计投产后每年可得净利润48 000元，该资产可使用10年，假设资金成本率为10%。

要求：

(1) 计算该投资的投资回收期。

(2) 计算净现值。

3. 某债券面值2000元，票面利率10%，期限为5年，当前的市场利率为12%。按债券估价的基本方法计算该债券价值。

4. 企业购买利随本清的企业债券，债券面值为1000元，期限10年，票面利率12%，不计复利，当前市场利率为10%，计算该债券价格为多少时才能进行投资。

5. 某公司股票的每股收益为0.5元，市盈率为20，行业类似股票的市盈率为22，计算该公司的股票价值和股票价格。

6. 某企业拟投资一项目，资料如下：厂房、机器设备投资120万，流动资金投资40万，使用寿命5年，固定资产采用直线法计提折旧，项目终结时固定资产残值20万元。投产后预计每年销售收入160万元。第一年的付现成本为80万元，以后每年的付现成本为90万元。资金成本率为12%。所得税率为40%。

要求：

(1)计算投资方案的现金流量。

(2)运用净现值法评价该方案是否可行。

7. 某公司准备购入一台设备生产新产品。现有甲乙两个方案可供选择。甲方案需投资15 000元，使用寿命5年，采用直线法计提折旧，5年后设备无残值，5年中每年销售收入为7 000元，每年付现成本2000元。乙方案需投资12 000元，采用直线法计提折旧，使用寿命也是5年，5年后有残值收入2000元。5年中每年收入为8000元，付现成本第一年为3000元，以后随着设备陈旧，逐年增加修理费400元，另需垫支流动资金3000元。假设所得税率为40%，资金成本率为10%。

要求：

(1)计算两个方案的现金流量。

(2)计算两个方案的净现值。

(3)计算两个方案的投资回收期。

(4)试判断应选用哪个方案。

第六章 收入管理

一、名词解释

1. 收入

2. 销售折扣

3. 销售折让

4. 销售退回

5. 简单平均法

6. 加权移动平均法

7. 定性预测

8. 定量预测

9. 趋势预测法

10. 量本利预测法

11. 保本销售额

12. 盈亏平衡点

13. 保利销售额

14. 标准产品

15. 新产品

二、单项选择题(选出选项中唯一正确的答案填入括号内)

1. 收入是指企业在(　　)中形成的、会导致所有者权益增加、与所有者投入资本无关的经济利益的总流入。
   A. 劳务活动　B. 日常活动　C. 生产活动　D. 非日常活动
2. 营业收入按其(　　)不同可分为基本业务收入和其他业务收入。
   A. 重要性　B. 相关性　C. 可比性　D. 真实性
3. 工业制造企业材料销售、固定资产出租、无形资产转让、提供非工业性劳务等取得的收入为(　　)。
   A. 主营业务收入　B. 基本业务收入　C. 其他业务收入　D. 营业外收入
4. 企业出售、报废固定资产所形成的净收益以及罚款收入为(　　)。
   A. 主营业务收入　B. 基本业务收入　C. 其他业务收入　D. 营业外收入
5. 基本业务收入也称(　　)。
   A. 营业收入　B. 主营业务收入　C. 其他业务收入　D. 营业外收入
6. 影响销售收入的最主要因素是(　　)。
   A. 价格与销售量　B. 销售折扣　C. 销售折让　D. 销售退回
7. 债权人为鼓励债务人在规定期限内付款而向债务人提供的债务扣除叫作(　　)。
   A. 商业折扣　B. 现金折扣　C. 销售折让　D. 销售退回
8. 在下列哪种情况下,企业财务应当直接按照扣除折扣后的金额确定销售商品收入(　　)。
   A. 商业折扣　B. 现金折扣　C. 销售折让　D. 销售退回
9. 下列哪种方式不影响企业的销售收入(　　)。
   A. 商业折扣　B. 现金折扣　C. 销售折让　D. 销售退回
10. 下列哪种方式会增加企业的费用(　　)。
    A. 商业折扣　B. 现金折扣　C. 销售折让　D. 销售退回
11. 销售收入预测分析中的意见综合法属于(　　)的分析方法。
    A. 定量　B. 定性　C. 内部　D. 外部
12. 销售收入预测分析中的加权移动平均法属于(　　)的分析方法。
    A. 静态　B. 动态　C. 定量　D. 定性
13. 下列方法中(　　)是根据市场调查得到的信息资料,结合以往的经验,推测和预计未来的销售收入。
    A. 定性预测法　B. 定量预测法　C. 趋势预测法　D. 本量利预测法
14. 哪种趋势分析法通常适用于销售基本稳定的产品,例如日常生活必需品(　　)。
    A. 简单平均法　B. 移动平均法　C. 加权移动平均法　D. 意见综合法

15. 哪种趋势分析法适用于销售数量有明显波动的产品，例如季节性产品、节日用产品等(　　)。

A. 简单平均法　　B. 移动平均法　　C. 加权移动平均法　　D. 意见综合法

16. 销售收入的量本利预测法是指按照(　　)将成本划分为固定成本和变动成本。

A. 成本的目标　　B. 成本的可辨认性

C. 成本的经济用途　　D. 成本的性态

17. 甲公司生产某产品，该产品单价为12元，单位变动成本为7元，固定成本为50 000元，则保本销售量等于(　　)。

A. 12 000件　　B. 10 000件　　C. 9000件　　D. 8000件

18. 乙公司生产某产品，预计单价为15元，单位变动成本为10元，固定成本总额为8万元。本年的目标销售利润总额为12万元，则保利销售量及销售额分别为(　　)。

A. 4万件，60万元　　B. 4万件，40万元

C. 2.4万件，24万元　　D. 2.4万件，30万元

19. 标准产品定价最常用的方法是(　　)。

A. 撇油性定价法　　B. 渗透性定价法

C. 成本加成定价法　　D. 利润加成定价法

20. 对于投产时缺乏竞争对手、极易开发市场的新产品来说应采用高价策略即(　　)。

A. 撇油性定价法　　B. 渗透性定价法

C. 成本加成定价法　　D. 利润加成定价法

三、多项选择题(选出选项中两个或两个以上的正确答案填入括号内)

1. 收入包括(　　)。

A. 让渡资产使用权收入　　B. 销售商品收入

C. 收到政府补贴　　D. 提供劳务收入

2. 收入一般可分为(　　)两大类。

A. 营业收入　　B. 销售收入　　C. 主营业务收入　　D. 营业外收入

3. 营业收入按其重要性不同可分为(　　)。

A. 主营业务收入　　B. 基本业务收入　　C. 其他业务收入　　D. 营业外收入

4. 对于工业制造企业，下列选项中属于其他业务收入的有(　　)。

A. 销售商品收入　　B. 销售材料收入

C. 出租固定资产收入　　D. 让渡无形资产使用权收入

5. 在企业生产经营活动中，属于利得范畴的有(　　)。

A. 收到违约金　　B. 出售闲置固定资产取得的净收益

C. 收到罚款　　D. 提供劳务收入

6. 销售折扣按照折扣方式不同可分为(　　)。

A. 商业折扣　　B. 现金折扣　　C. 销售折让　　D. 销售退回

7. 下列影响因素中，应当冲减当期销售收入的是(　　)。

A. 商业折扣　　B. 现金折扣　　C. 销售折让　　D. 销售退回

8. 企业对销售收入的预测方法很多,一般常用的有以下几种(　　)。

A. 意见综合法　　B. 简单平均法　　C. 加权移动平均法　　D. 量本利预测法

9. 趋势预测分析法主要包括(　　)。

A. 时间推算法　　B. 移动平均法

C. 量本利预测法　　D. 加权移动平均法

10. 在生产经营活动中,通常在销售收入管理中主要考虑以下几项影响因素(　　)。

A. 价格与销售量　　B. 销售折扣　　C. 销售折让　　D. 销售退回

11. 销售收入管理的意义包括(　　)。

A. 补偿耗费、持续经营的基本前提

B. 加速资金周转、提高资金利用效果的重要环节

C. 实现利润、分配利润的必要条件

D. 分析资金运动的前提

12. 加权移动平均法适用于(　　)产品的预测。

A. 日常生活必需品　　B. 销售略有变动的产品

C. 季节性产品　　D. 节日用产品

13. 下列方式中会使企业收入减少的有(　　)。

A. 商业折扣　　B. 现金折扣　　C. 销售折让　　D. 销售退回

14. 预测营业收入的方法有(　　)。

A. 定量预测　　B. 定性预测　　C. 内部预测　　D. 外部预测

15. 定性预测的主要方法是市场调查分析法,具体包括(　　)。

A. 意见综合法　　B. 抽样询问法　　C. 实验法　　D. 量本利预测法

四、判断改错题(判断正确或错误,正确的在括号内填"√",错误的填"×",如果错误请改正)

1. 营业收入主要包括销售商品收入、提供劳务收入和政府补贴等收入。(　　)

2. 企业发生的由于处理无形资产、出售闲置固定资产取得的净收益,接受捐赠及让渡资产使用权等收入,不属于营业收入的范畴。(　　)

3. 企业财务应当按照扣除现金折扣后的金额确定销售商品收入金额。(　　)

4. 企业财务应当按照扣除现金折扣前的金额确定销售商品收入金额,现金折扣在实际发生时计入当期损益中。(　　)

5. 销售商品涉及商业折扣的,应当按照扣除商业折扣后的金额确定销售收入金额。(　　)

6. 销售折让与现金折扣应冲减当期的销售收入。（　　）

7. 盈亏平衡点也称保本点，它是区分盈利和亏损的分界点，是衡量企业盈亏的一个标准。在这点上销售利润等于零,即销售收入总额与成本总额相等。（　　）

8. 盈亏平衡点的产品销售量也就是销售利润等于销售成本费用的销售量。（　　）

9. 收入是指企业在全部活动中形成的,会导致所有者权益增加,与所有者投入资本无关的经济利益的总流入。（　　）

10. 移动平均法能有效地消除预测中的随机波动，一般适用于销售略有波动的产品。（　　）

11. 简单平均法适用于销售数量有明显波动的产品,例如季节性产品、节日用产品等。（　　）

12. 加权移动平均法使过去几期的差异平均化,没有考虑到销售变化趋势,这样可能会出现较大误差。（　　）

13. 简单平均法的计算简单明了,通常适用于销售基本稳定的产品,例如日常生活必需品。（　　）

14. 销售收入的量本利预测法是指按照成本的种类将成本划分为固定成本和变动成本。（　　）

15. “撇油性”定价是一种低价策略。试销初期,企业可按保本价格或低利润的价格销售,先做出一定的牺牲,待该商品在市场上站稳并为客户所接受时,再进行逐步提价。（　　）

五、简述题

1. 简述销售收入的含义及影响销售收入的因素。
2. 简述销售收入的预测方法。
3. 简述定量预测及常用方法。
4. 简述趋势预测法及其具体方法。
5. 加强销售收入管理对企业具有哪些意义？
6. 营业收入与营业外收入的区别有哪些？
7. 简述保本销售额预测法。
8. 简述保利销售额预测法。

9. 简述企业常用的定价方法。

10. 简述企业特殊情况定价。

六、计算分析题

1. 宏大公司自2006—2010年连续五年的营业收入如下表所示。

单位:万元

年份	2006	2007	2008	2009	2010
营业收入	450	540	690	750	840

要求:根据上述资料,

(1)采用简单平均法测算营业收入。

(2)采用加权平均法测算营业收入,假定这五年的权数分别为0.1、0.2、0.3、0.4、0.5。

2.某企业1—4月份实际销售收入资料见下表(5、6、7三个月份的实际销售收入则分别为326万元、326万元、339万元)。要求:以四个月为固定时间长度(按月份时间顺序,每月的权数分别为1、2、3、4),采用加权移动平均法预测企业5、6、7、8各月份的销售收入。

单位:万元

月份	实际销售收入	Σ(月实际销售额×权数)	销售收入
1	323		
2	325		
3	321		
4	327		
5			
6			
7			

3. 星光厂生产A产品,固定成本总额为200万元,单位变动成本为450元,预计单价为750元,单位产品营业税率为5%。2013年目标销售利润总额为300万元。要求根据量本利预测法,预测2013年的销售收入。

4. 某公司生产甲产品,单位售价为345元/件,该产品的单位变动成本为180元,固定成本总额为60万元。企业目标销售利润确定为50万元。

要求:

(1)预测该公司甲产品盈亏平衡点的销售量与销售额。

(2)计算实现目标利润的销售量和销售额。

5. 远征厂甲产品的单位产品制造成本为450元,期间费用率为7%,销售收入利润率为25%。根据成本加成定价法确定甲产品售价。

第七章 利润管理

一、名词解释

1. 利润

2. 营业利润

3. 利润总额

4. 净利润

5. 剩余股利政策

6. 固定或持续增长股利政策

7. 固定股利支付率政策

8. 低正常股利加额外股利政策

二、单项选择题(选出选项中唯一正确的答案填入括号内)

1. 利润是指企业在一定期间的(　　)。
   A. 收入　B. 利得　C. 销售成果　D. 经营成果
2. 单位产品利润由(　　)和销售单价所决定。
   A. 单位产品价值　B. 单位产品成本　C. 单位产品实物量　D. 单位产品质量
3. 投资者分配利润,本着(　　)权利平等的原则。
   A. 管理　B. 谁投资、谁受益　C. 投资先后　D. 债权
4. 股利支付率是指每股股利占(　　)的比例。
   A. 每股净资产　B. 市价　C. 每股盈利　D. 每股资本公积

5. 下列计算公式中不正确的是(　　)。

A. 营业利润=营业收入-营业成本-营业税金及附加-销售费用-管理费用-财务费用-资产减值损失+公允价值变动收益+投资收益

B. 利润总额=营业利润+营业外收入-营业外支出

C. 利润总额=营业利润+主营业务收入-主营业务成本

D. 净利润=利润总额-所得税费用

6. (　　)是指企业筹集生产经营所需资金而发生的费用。

A. 管理费用　B. 财务费用　C. 制造费用　D. 销售费用

7. 下列不属于利润分配的原则的是(　　)。

A. 依法分配原则　B. 资本保全原则

C. 保护所有者利益原则　D. 兼顾各方利益原则

8. 资本保全规定公司决不能因支付股利而减少(　　)。

A. 所有者权益　B. 净资产　C. 资产　D. 资本

9. 可最大限度满足企业对再投资的权益资金需要的股利政策是(　　)。

A. 固定或持续增长股利政策　B. 剩余股利政策

C. 固定股利支付率政策　D. 低正常股利加额外股利政策

10. 某企业生产A产品,预计年销售量为2000件,该产品单价为100元,单位变动成本为60元,固定成本为40 000元,A产品的目标销售利润为(　　)元。

A. 80 000　B. 40 000　C. 200 000　D. 120 000

11. 下列项目中,在利润分配中优先的是(　　)。

A. 提取法定盈余公积　B. 用税前利润弥补亏损

C. 提取任意盈余公积　D. 支付股利

12. 下列哪个项目不能用于分派股利(　　)。

A. 盈余公积　B. 资本公积　C. 税后利润　D. 上年未分配利润

13. 能使股利与公司盈利紧密结合的股利政策是(　　)。

A. 剩余股利政策　B. 固定或持续增长股利政策

C. 固定股利支付率政策　D. 低正常股利加额外股利政策

14. 要保持目标资本结构应采用的股利分配政策是(　　)。

A. 剩余股利政策　B. 固定或持续增长股利政策

C. 固定股利支付率政策　D. 低正常股利加额外股利政策

15. 下列各项中,将会导致企业股本变动的股利形式有(　　)。

A. 财产股利　B. 负债股利　C. 股票股利　D. 现金股利

16. 一般而言,适合于采用固定或持续增长股利政策的公司是(　　)。

A. 负债率较高的公司　B. 盈利稳定或处在成长期的公司

C. 盈利波动较大的公司　D. 盈利较高但投资机会较多的公司

17. 下列不属于利润分配的项目是 (　　)。

A. 提取盈余公积　B. 弥补亏损　C. 上交所得税　D. 支付股利

18. 领取股利的权利与股票相分离的日期是(　　)。

A. 股权登记日　B. 除息日　C. 股利宣告日　D. 股利发放日

19. 在以下股利政策中有利于稳定股票价格,从而树立公司良好形象,但股利的支付与公司盈余相脱节的股利政策是(　　)。

A. 剩余股利政策　B. 固定或持续增长股利政策

C. 固定股利支付率政策　D. 低正常股利加额外股利政策

三、多项选择题(选出选项中两个或两个以上的正确答案填入括号内)

1. 利润总额是指企业一定期间所实现的全部利润总数,也称税前利润,是由(　　)项目构成。

A. 营业利润　B. 营业外收入　C. 净利润　D. 营业外支出

2. 运用量本利分析法预测企业利润关键是要解决(　　)之间的关系。

A. 成本　B. 供应　C. 生产　D. 销售量

3. 营业利润的预测主要有以下(　　)方法。

A. 量本利分析法　B. 销售利润率法　C. 资金成本率法　D. 市场分析法

4. 组织企业利润分配应该遵循(　　)原则。

A. 依法分配　B. 兼顾各方面利益

C. 分配与积累并重　D. 投资与收益对等

5. 公司税后利润分配的内容有(　　)。

A. 提取盈余公积　B. 弥补企业以前年度亏损

C. 向股东分配股利　D. 上交所得税

6. 增加利润的途径有(　　)。

A. 扩大销售渠道,增加收入　B. 降低产品成本,减少费用支出

C. 提高产品质量,减少损失　D. 加速资金周转,减少资金成本

7. 决定单位产品利润的基本因素是(　　)。

A. 产品质量　B. 单位产品成本　C. 销售单价　D. 变动成本

8. 常见的股利支付方式有(　　)。

A. 现金股利　B. 股票股利　C. 负债股利　D. 财产股利

9. 利润管理应符合(　　)要求。

A. 树立正确的盈利理念,增加合理利润

B. 实行利润目标分管制,强化目标利润管理

C. 严格遵守财经法规,正确进行利润分配

D. 加速资金周转,减少资金成本

10. 股利分配政策包括(　　)。

A. 剩余股利政策　B. 固定或持续增长股利政策

C. 固定股利支付率政策　D. 低正常股利加额外股利政策

11. 影响股利政策的因素有(　　)。

A. 法律因素　　B. 公司因素　　C. 通货膨胀因素　　D. 股东因素

12. 固定股利支付率政策(　　)。

A. 能使股利与企业盈利紧密结合　　B. 股利随盈利波动

C. 会增强股东对企业的信心　　D. 有利于股票价格的稳定

13. 组成营业利润的有(　　)。

A. 营业外收入　　B. 所得税费用　　C. 销售费用　　D. 管理费用

14. 现金股利(　　)。

A. 最常见的股利支付方式

B. 最易为投资者接受的股利支付方式

C. 会减少企业的资产和所有者权益

D. 常被资金短缺的企业采用

15. 股份有限公司向股东分配股利所涉及的重大日期有(　　)。

A. 股利宣告日　　B. 股权登记日　　C. 除息日　　D. 股利发放日

四、判断改错题(判断正确或错误,正确的在括号内填"√",错误的填"×",如果错误请改正)

1. 利得是由企业日常活动所发生的会导致所有者权益增加的，与所有者投入资本无关的经济利益的流入。(　　)

2. 企业以前年度的亏损尚未弥补完,不得提取法定盈余公积金。(　　)

3. 支付股利的形式有现金股利和股票股利两种。(　　)

4. 利润是指企业在一定期间的生产经营成果。(　　)

5. 利润总额是指企业一定期间所实现的净利润,是由营业利润、营业外收入和营业外支出三个项目构成。(　　)

6. 企业经营的目的就是盈利,所以企业为实现盈利而采取的任何措施都是正确的。(　　)

7. 运用量本利分析法预测企业利润,关键是要解决成本和销售量之间的关系。(　　)

8. 只要公司拥有足够的现金就可以发放现金股利。(　　)

9. 处于成长期的公司多采取低股利政策,而陷入经营收缩期的公司多采取高股利政策。(　　)

10. 股份有限公司利润分配的顺序是：提取法定盈余公积、提取任意盈余公积、弥补以前年度亏损、向投资者分配利润或股利。(　　)

11. 固定股利支付率政策，能使股利与公司盈余紧密结合，以体现多盈多分、少盈少分的原则。(　　)

12. 在公司的高速发展阶段，企业往往需要大量的资金，此时适合采用剩余股利政策。(　　)

13. 剩余股利政策能使股利与公司盈余紧密配合。(　　)

14. 股份公司的股利分配政策遵循“无利不分”的原则，公司当年无盈利就不能支付股利。(　　)

15. 当公司当年无利润分配时，且用公积金弥补亏损后，公司可用公积金按规定向股东分配股利，但留存的法定盈余公积金不得低于注册资本金的25%。(　　)

16. 企业在分配利润时，必须按一定的比例和基数提取法定盈余公积金。(　　)

五、简述题

1. 简述企业营业利润的计算方法。
2. 简述利润分配的程序。
3. 简述单一产品条件下盈亏平衡点目标利润的测算方法。
4. 简述股利分配政策。
5. 简述常见的股利支付方式。
6. 简述企业利润包括哪几种。

六、计算分析题

1. 泰达公司经市场调研后结合本企业生产能力，拟生产A产品，预计年销售量为4000台，单位售价950元，其中单位生产成本420元，该产品应负担的固定成本总额52万元。要求：根据资料采用量本利分析法测算A产品的目标销售利润。

2. 恒盈公司拟生产甲产品，单位售价为540元，单位变动成本为236元，甲产品应负担的固定成本为15 200元。采用量本利分析法测算该产品的盈亏平衡点的销售额。

3. 万达公司生产A产品，该产品售价18元，单位变动成本15元，企业固定费用39 000元。在不考虑生产能力的情况下，企业生产多少件可以不盈不亏？

4. 大华公司销售利润率一直平稳，保持在20%，预计年度主营业务收入可达到5000万元。预测计划年度目标利润。

5. 大华公司当年全部可用于分配股利的盈余为900万元，第二年的投资计划所需资金1000万元。公司的目标资金结构为权益资本占60%，债务资本占40%。该公司当年流通外的普通股300万股。根据剩余股利政策，该公司当年每股股利应为多少？

第八章　财务预算

一、名词解释

1. 财务预算

2. 固定预算

3. 弹性预算

4. 增量预算

5. 零基预算

6. 滚动预算

7. 定期预算

8. 销售预算

9. 生产预算

10. 直接人工预算

二、单项选择题(选出选项中唯一正确的答案填入括号内)

1. 关于固定预算说法正确的是(　　)。
A. 称动态预算　　B. 以预算期外正常的水平为固定基础
C. 考虑可能发生的变动因素　　D. 适用于业务量水平较稳定的企业
2. 关于预算的编制方法下列各项中正确的是(　　)。

A. 零基预算编制方法适用于非盈利组织编制预算时采用

B. 固定预算编制方法适用于产出较难辨的服务性部门费用预算的编制

C. 固定预算编制方法适用于业务量水平较为稳定的企业预算的编制

D. 零基预算编制方法适用于业务量水平较为稳定的企业预算的编制

3. (　　)是编制其他预算的基础。

A. 销售预算　B. 生产预算　C. 制造费用预算　D. 材料采购预算

4. 下列关于生产预算的公式正确的是(　　)。

A. 预计生产量=预计销售量+预计期末结存量+预计期末结存量

B. 预计生产量=预计销售量-预计期末结存量+预计期末结存量

C. 预计生产量=预计销售量+预计期末结存量-预计期初结存量

D. 预计生产量=预计销售量-预计期末结存量-预计期末结存量

5. 在成本习性分析基础上，分别按一系列可能达到的预计业务量水平编制的能适应多种情况的预算是指(　　)。

A. 固定预算　B. 弹性预算　C. 增量预算　D. 滚动预算

6. 预算期不与会计年度挂钩的预算方法是(　　)。

A. 弹性预算　B. 零基预算　C. 滚动预算　D. 固定预算

7. 下列各项中,不能在销售预算中找到的内容有(　　)。

A. 销售单价　B. 生产数量　C. 销售数量　D. 销售收入

8. (　　)又称全面预算,是企业在一定时期内经营、财务等方面的总体预算。

A. 销售预算　B. 财务预算　C. 生产预算　D. 采购预算

9. (　　)是使预算期始终保持为一个固定期间的预算。

A. 零基预算　B. 滚动预算　C. 弹性预算　D. 定期报表

10. 业务预算一般不包括下列哪一项(　　)。

A. 销售预算　B. 现金预算　C. 生产预算　D. 采购预算

11. 现金预算的编制是以(　　)为起点的。

A. 生产预算　B. 销售预算　C. 制造费用预算　D. 产品成本预算

12. (　　)是生产预算、直接材料预算、直接人工预算、制造费用预算的汇总。

A. 产品成本预算　B. 销售预算　C. 资本支出预算　D. 现金预算

13. 下列各项中,不属于日常业务预算内容的是(　　)。

A. 生产预算　B. 产品成本预算　C. 销售费用预算　D. 资本支出预算

14. 不需另外预计现金支出,直接参加现金预算汇总的预算是(　　)。

A. 成本预算　B. 销售预算　C. 人工预算　D. 期间费用预算

15. (　　)综合性最强,是预算的核心内容。

A. 财务预算　B. 销售预算　C. 固定预算　D. 资本支出预算

16. (　　)是对未来企业资金需求量的估计,它是财务管理的首要环节。

A. 成本预算　B. 生产预算　C. 财务预测　D. 现金预算

17. 直接材料预算的主要编制基础是(　　)。

A .销售预算　B. 现金预算　C. 生产预算　D. 产品成本预算

18. 下列预算中,既不能够反映经营业务又不能反映现金收支内容的是(　　)。

A. 销售预算　B. 生产预算　C. 人工预算　D. 期间费用预算

19. (　　)是根据量、本、利之间的依存关系,编制出的一套适应多种业务量的费用预算。

A. 固定预算　B. 弹性预算　C. 零基预算　D. 定期预算

20. 某公司第一季度甲材料预计生产需要量为6000千克,年初甲材料库存量为700千克,计划年度内各季末甲材料库存按本季度生产需要量的10%储备，则第一季度甲材料预计采购量是(　　)。

A. 5800千克　B. 5900千克　C. 5600千克　D. 4500千克

21. 定期预算的优点是(　　)。

A. 预算期与会计年度相配合,便于考核和评价预算的执行结果

B. 灵活性强

C. 连续性好

D. 远期指导性强

三、多项选择题(选出选项中两个或两个以上的正确答案填入括号内)

1. 下列各项中属于总预算的是(　　)。

A. 投资决策预算　B. 销售预算　C. 现金预算　D. 预计利润表

2. 财务预算的作用(　　)。

A. 使决策目标具体化、系统化和定量化　B. 有助于财务目标的顺利实现

C. 是总预算　D. 是辅助预算

3. 财务预算的组成包括(　　)。

A. 现金预算　B. 财务费用预算　C. 预计资产负债表　D. 预计利润表

4. 企业预算的编制方法有(　　)。

A. 固定预算　B. 零基预算　C. 定期预算　D. 弹性预算

5. 销售预算是根据企业年度销售预测而确定(　　)。

A. 销售数量　B. 销售单价　C. 销售收入　D. 销售成本

6. 现金预算的编制基础包括(　　)。

A. 销售预算　B. 投资决策预算　C. 销售费用预算　D. 预计利润表

7. 全面预算主要包括(　　)。

A. 生产预算　B. 现金预算　C. 销售预算　D. 制造费用预算

8. 零基预算的编制程序为(　　)。

A. 提出费用计划方案

B. 划分费用等级

C. 合理安排资金,对不可避免成本费用优先分配资金,对可延缓项目按轻重缓急分级依次安排资金

D. 逐级下达费用预算

9. 能在现金预算中反映的内容有(　　)。

A. 资金筹措预算　　B. 损益预算
C. 现金收入预算　　D. 现金支出预算

10. 销售及管理费用预算划分(　　)。

A. 固定费用　　B. 变动费用　　C. 折旧费用　　D. 制造费用

11. 现金预算是反映(　　)所编制的预算。

A. 预计现金收入　　B. 预计现金支出　　C. 现金余额　　D. 现金投放

12. 现金预算的内容是由(　　)组成。

A. 现金收入　　B. 现金支出　　C. 现金余缺　　D. 现金调剂

13. 材料采购预算是编制有关(　　)的财务预算。

A. 材料耗用量　　B. 材料采购量　　C. 销售费用　　D. 材料结存量

14. (　　)需要划分变动费用预算和固定费用预算。

A. 材料采购预算　　B. 制造费用预算
C. 销售及管理费用预算　　D. 成本预算

15. 固定预算的缺点包括(　　)。

A. 过于呆板　　B. 可比性差　　C. 盲目性　　D. 滞后性

四、判断改错题(判断正确或错误,正确的在括号内填“√”,错误的填“×”,如果错误请改正)

1. 财务预算具有资源分配的功能。(　　)

2. 滚动预算又称滑动预算,是指在编制预算时,将预算期与会计年度脱离,随着预算的执行不断延伸补充预算,逐期向后滚动,使预算期永远保持为一个固定期间的一种预算编制方法。(　　)

3. 增量预算与零基预算相比能够调动各部门降低费用的积极性。(　　)

4. 财务预算是反映财务活动的预算。(　　)

5. 直接人工预算是有关劳动量和人工成本的财务预算。(　　)

6. 生产预算是规定预算期内有关产品生产数量、产值和品种结构的一种预算。(　　)

7. 生产预算是预算编制的起点。(　　)

8. 财务预算由现金预算和预计资产负债表组成。(　　)

9. 弹性预算主要适用于企业的销售预算、材料采购等连续性较强的预算。(　　)

10. 滚动预算可以保持预算的连续性和完整性,使预算编制成为常见性工作。(　　)

11. 滚动预算的预算期是连续不断的,始终保持一定期限。(　　)

12. 固定预算考虑了预算期内生产经营活动可能发生的变动。(　　)

13. 全面预算,它是由若干个相互关联的预算组成的一个完整的预算体系。(　　)

14. 增量预算是指以基期成本费用水平为基础,结合预算期业务量水平及有关影响成本因素的未来变动情况,通过调整有关收入项目而编制预算的一种方法。(　　)

15. 生产预算是编制其他预算的基础。(　　)

五、简述题

1. 简述财务预算的含义及作用。
2. 简述预算的编制方法。
3. 简述财务预算的组成内容。
4. 简述全面预算的含义及类型。
5. 简述现金预算的含义及现金预算组成部分的关系。

六、计算分析题

1. 某企业生产和销售A种产品，计划期2010年四个季度预计销售数量分别为1000件、1500件、2000件和1800件;A种产品预计单位售价为100元。假设每季度销售收入中,本季度收到现金60%,另外40%要到下季度才能收回,上年末应收账款余额为62 000元。

要求:

(1)编制2010年销售预算。

(2)确定2010年年末应收账款余额。

销售预算

季度	1	2	3	4	全年
销售数量(件)					
销售单价(元/件)					
销售收入(元)					

预计现金流入 单位:元

上年应收账款					
第一季度					
第二季度					
第三季度					
第四季度					
现金流入合计					

2. 某企业预计销售甲产品3000件,单价500元,单位成本为450元,其中:直接材料200元,直接人工150元,制造费用100元。

要求:按固定预算法编制产品销售利润预算表。

利润预算表 单位:元

项目	预算金额
销售收入	
销售成本	
直接材料	
直接人工	
制造费用	
销售利润	

3. 预计某公司预算年度A产品的销售量在5000~10 000件之间变动；销售单价为100元；单位变动成本为75元；固定成本总额为9万元。

要求：根据上述资料以1000件为销售量的间隔单位编制该产品的弹性利润预算。

销售量(件)	5000	6000	7000	8000	9000	10000
销售收入(元)						
固定成本(元)						
变动成本(元)						
利润(元)						

4. 某公司2009年的现金预算表如下。(假定企业没有其他现金收支业务，也没有其他负债)

××公司2009年现金预算表

单位：元

项目	第一季度	第二季度	第三季度	第四季度
期初现金余额	150			
本期经营性现金收入	5000	5200	E	4500
本期经营性现金支出	A	5350	6000	4000
现金余缺	650	C	(650)	G
取得短期借款		100	900	
归还借款	450			H
期末现金余额	B	D	F	200

要求：根据表中资料填写表中字母表示的部分。

5. A公司甲乙两种产品2010年期初的实际存货量和年末的预计存货量等资料如下表。

2010年A公司的存货资料

品种	年初产成品存货量(件)	年末产成品存货量(件)	年初在产品存货量(件)	年末在产品存货量(件)	预计期末产成品占下期销量的百分比	金额	
						单价(元/件)	总额(元)
甲产品	80	120	0	0	10%	40	3200
乙产品	50	130	0	0	10%	62	3100

要求:为A公司编制年度的生产预算。

项目	甲	乙
预计销售量(件)		
预计期末存货量(件)		
预计需要量(件)		
期初结存量(件)		
预计生产量(件)		

第九章 财务分析

一、名词解释

1. 财务分析

2. 流动比率

3. 速动比率

4. 资产负债率

5. 净资产收益率

二、单项选择题(选出选项中唯一正确的答案填入括号内)

1. (　　)是指企业偿付流动负债的能力。

A. 短期偿债能力　　B. 长期偿债能力

C. 短期支付能力　　D. 长期支付能力

2. (　　)是指流动资产减去变现能力差且不稳定的货存、待摊费用、待处理流动资产损失等后的余额。

A. 现金类资产　B. 固定资产　C. 速动资产　D. 流动资产

3. (　　)是指企业利润总额与成本费用总额的比率。它是反映企业生产经营过程中发生的耗费与获得的收益之间的关系的指标。

A. 应收账款周转率　　B. 固定资产周转率

C. 总资产周转率　　D. 成本费用利润率

4. 一般认为速动比率为(　　)比较好。

A. 1:1　B. 2:1　C. 1:2　D. 3:1

5. (　　)侧重于揭示财务结构的稳健程度以及自有资金对偿债风险的承受能力。

A. 资产负债率　　B. 应收账款周转率

C. 产权比率　　　　D. 存货周转率

6. (　　)是反映股东投资收益水平的指标。

A. 总资产利润率　　　　B. 权益利润率

C. 成本费用利润率　　　　D. 销售净利率

7. 比较分析法是指将具有相同性质且又可以相互比较的（　　）进行数量上的比较计算,来揭示财务现象的方法。

A. 经济现象　　B. 经营成果　　C. 经济指标　　D. 成本费用

8. 股东权益比率越大,负债比率就越小,债权人的权益就越(　　)。

A. 有保障　　B. 有风险　　C. 有利益　　D. 不安全

9. 利息保障倍数反映了企业获利能力对偿还(　　)的保证程度。

A. 全部债务　　B. 债务利息　　C. 债务本金　　D. 债券

10. 资产每周转一次所用时间越少,说明资产的周转速度(　　)。

A. 越快　　B. 越慢　　C. 越长　　D. 越低

11. 应收账款周转速度不仅仅反映了企业资产的营运能力,同时也揭示了企业该方面流动资产的(　　)速度和程度。

A. 运动　　B. 流动　　C. 变现　　D. 积累

12. 在计算速动比率时,从流动资产中扣除存货部分的原因是(　　)。

A. 存货数量难以确定　　　　B. 存货变现能力最低

C. 存货的成本变化大　　　　D. 存货占流动资产比例较大

13. 当企业流动比率大于1时,增加流动资金借款会使当期流动比率(　　)。

A. 提高　　B. 不变　　C. 降低　　D. 不确定

14. 综合反映企业整体资产营运能力的指标是(　　)。

A. 流动资产周转率　　　　B. 固定资产周转率

C. 总资产周转率　　　　D. 资产负债率

15. 某企业本期资产负债率为47%,则说明(　　)。

A. 企业资不抵债　　　　B. 企业经营状况欠佳

C. 企业偿债能力较好　　　　D. 不能说明什么问题

16. 负债比率是用以衡量企业(　　)的指标。

A. 短期偿债能力　B. 变现能力　　C. 长期偿债能力　D. 获利能力

17. 某企业的流动资产为23万元,长期资产为430万元,流动负债为10.5万元,长期负债为83万元,则资产负债率为(　　)。

A. 19%　　B. 18%　　C. 45%　　D. 21%

18. 某企业库存现金3万元，银行存款67万元，随时可以出售的交易性金融资产为80万元,预付费用20万元,应收账款70万元,存货150万元,流动负债800万元。据此,计算该企业的现金比率为(　　)。

A. 20%　　B. 18.75%　　C. 16.75%　　D. 20.25%

19. 下列各项中,不会影响流动比率的业务是(　　)。

A. 用存货对外投资　　B. 用现金购买短期债券
C. 从银行取得长期贷款　　D. 用现金购买固定资产

三、多项选择题(选出选项中两个或两个以上的正确答案填入括号内)

1. 企业常用财务指标分析的内容可以概括为哪几个方面(　　)。
A. 偿债能力分析　　B. 资产营运能力分析
C. 劳动生产能力分析　　D. 盈利能力分析
2. 短期偿债能力分析的指标主要有(　　)。
A. 速动比率　　B. 现金持有量　　C. 流动比率　　D. 现金比率
3. 财务分析的方法有(　　)。
A. 比较分析法　　B. 比率分析法　　C. 逻辑分析法　　D. 趋势分析法
4. 在比率分析法中一般用作对比的标准有(　　)。
A. 预定指标　　B. 历史标准　　C. 行业标准　　D. 公认标准
5. 比率指标主要有(　　)。
A. 效率比率　　B. 速动比率　　C. 相关比率　　D. 结构比率
6. 影响存货周转率的因素有(　　)。
A. 销售收入　　B. 销货成本　　C. 存货计价方法　　D. 存货余额
7. 下列指标中,(　　)越高,说明其营运能力越强。
A. 应收账款周转率　　B. 流动资产周转率　　C. 销售利润率　　D. 成本利润率
8. 下列项目中属于速动资产的项目有(　　)。
A. 存货　　B. 三个月到期的债权　　C. 待摊费用　　D. 应收账款
9. 企业流动比率过高,可能有以下几种情况:(　　)。
A. 流动资产增长大于流动负债增长　　B. 流动资产中存货所占比重提高
C. 负债水平降低　　D. 企业的资产大量占用于流动资产
10. 应收账款周转率提高,意味着企业(　　)。
A. 短期偿债能力增强　　B. 流动比率降低
C. 坏账成本下降　　D. 流动比率提高
11. 企业盈利能力分析可以运用的指标有(　　)。
A. 总资产报酬率　　B. 总资产周转率
C. 成本费用利润率　　D. 资本保值增值率

四、判断改错题(判断正确或错误,正确的在括号内填"√",错误的填"×",如果错误请改正)

1. 财务分析既是财务预测的前提,也是对过去财务活动的总结,在财务管理中起着承前启后的作用。(　　)

2. 比较分析法的优点是计算简便,计算结果容易判断分析,而且可以使某些指标在不同规模企业间比较。(　　)

3. 流动比率是企业流动资产与流动负债的比率，是衡量企业短期偿债能力最通用的比率。它说明1元流动负债有多少流动资产可以作支付的保证。(　　)

4. 速动比率较流动比率能够更加准确、可靠地评价企业资产的流动性及偿还短期债务的能力。(　　)

5. 资产负债率与产权比率具有共同的经济意义,两个指标可以相互补充。(　　)

6. 存货周转速度越快,存货占用水平越低,流动性越强,存货转换为现金或应收账款的速度越快,这样会增强企业的短期偿债能力及获利能力。(　　)

7. 营运能力是指企业在生产经营过程中对企业资产(或资金)的利用效率。(　　)

8. 资产负债率越大,表明债权人的权益越有保障。(　　)

9. 结构比率是将某总体中的指标数值与另一总体的数值对比。(　　)

10. 流动资产减去流动负债即为可供企业日常经营的营运资本。(　　)

11. 一般而言,利息保障倍数越大,表明企业可以偿还债务的可能性也越大。 (　　)

12. 净资产利润率是企业税后利润与资产总额的比率,比率越大,反映企业的盈利能力越强。(　　)

五、简述题

1. 简述财务分析的含义。
2. 简述财务分析的意义。
3. 简述财务分析的方法。
4. 简述财务分析的依据及分析标准。
5. 简述流动比率、速动比率、现金比率的区别与共性。

六、计算分析题

1. 某公司全部流动资产为82万元，流动比率为1.7，该公司购入商品16万元以备销售，其中的8万元为赊购，又购置运输车辆一部，价值4.6万元，其中1.8万元以银行存款支付，其余开出应付票据一张。

要求：

(1)计算交易后的营运资本；

(2)计算交易后的流动比率；

(3)简要分析流动比率变动的原因。

2. 某商业企业某年营业收入为2000万元，营业成本为1600万元，年初年末应收账款余额分别为200万元和400万元；年初年末存货余额分别为200万元和600万元；年末速动比率为1.2，年末现金比率为0.7。假定该企业流动资产由速动资产和存货组成，速动资产由应收账款和现金资产组成，一年按360天计算。

要求：计算年末流动负债余额和速动资产余额。

3. 某公司部分资料如下：

单位：万元

项目	2011 年	2012 年
净销售收入总额	12 000	15 000
其中：赊销净额	11 340	14 454
销售成本	7200	8640
总资产平均占用额	25 580	27 020
固定资产平均占用额	12 700	13 240
流动资产平均占用额	1620	1980
存货平均余额	900	929
应收账款平均余额	600	684

要求：

(1)计算2011及2012年应收账款周转率及周转天数。

(2)计算2011及2012年存货周转率及周转天数。

(3)分析公司应收账款周转速度及存货周转速度。

4. 某公司部分资料如下：

单位：万元

项目	2011 年	2012 年
税前利润总额	8620	9780
债务利息总额	5200	5200

要求：

(1)计算2011年及2012年利息保障倍数。

(2)分析该公司长期偿债能力。

5. 某公司部分资料如下：

单位：万元

项目	2011 年	2012 年
总资产平均占用额	8620	9780
净资产平均余额	5200	5200
销售收入净额	3600	3740
利息支出总额	60	85
利润总额	540	654
净利润	310	370

要求：

(1)计算2011年及2012年销售利润率。

(2)计算2011年及2012年总资产报酬率。

(3)计算2011年及2012年净资产收益率。

(4)分析该公司盈利能力。

综合自测题一

一、名词解释

1. 财务关系

2. 财务管理

3. 企业资金运动

4. 资金时间价值

5. 风险

6. 资产收益

7. 权益性筹资

8. 债权性筹资

9. 销售百分比法

10. 流动资产

11. 现金折扣

12. 存货的经济批量

13. 投资

14. 项目投资

15. 净现值法

16. 销售折扣

17. 销售折让

18. 销售退回

19. 量本利预测法

20. 定量预测

21. 财务预算

22. 财务分析

23. 净资产收益率

二、单项选择题(选出选项中唯一正确的答案填入括号内)

1. 对现代企业来说,企业存在并发展的主要目标就是(　　)。

A. 利润最大化　　B. 税收最大化　　C. 收入最大化　　D. 价值的最大化

2. 企业生产经营过程中的资金运动所体现的各种关系,称为(　　)。

A. 财务关系　　B. 生产关系　　C. 经济关系　　D. 行政关系

3. 财务管理的核心工作环节为(　　)。

A. 财务预测　　B. 财务决策　　C. 财务计划　　D. 财务控制

4. 未来某一时间上的资金其现在的价值是(　　)。

A. 现值　　B. 年金　　C. 终值　　D. 偿债基金

5. (F/P, 8%, 10)的复利终值系数是(　　)。

A. 1. 2763　　B. 2.1589　　C. 5.5256　　D. 1.477

6. 张某存入银行50 000元,存期5年,年利息率3%,其5年后的复利终值是(　　)。

A. 72 763　　B. 78 350　　C. 63 350　　D. 57 965

7. 企业筹资按所筹资金(　　)分类,可分为权益性筹资和债权性筹资。

A. 来源、范围　　B. 性质　　C. 使用期限　　D. 是否借助金融机构

8. 因素分析法需要考虑的各因素中,与资金需要量成反比的因素是(　　)。

A. 销售量的变动　　B. 资产价格的变动

C. 资本周转速度变动　　D. 投资者信用情况

9. 综合资金成本是以(　　)为权数，对各种资金成本进行加权平均计算出来的。

A. 各种资金的数量　　B. 各种资金的资金成本

C. 各种资金占总资金的比重　　D. 各种资金成本占总资金成本的比重

10. 下列不属于流动资产的是(　　)。

A. 库存商品　　B. 管理费用　　C. 原材料　　D. 预付账款

11. 现金的预防性需要是指企业持有现金以应付(　　)对现金的需求。

A. 日常业务　　B. 意外事件　　C. 偿还债务　　D. 特殊交易活动

12. 持有过量现金可能导致的不利后果是(　　)。

A. 财务风险加大　　B. 收益水平下降　　C. 偿债能力下降　　D. 资产流动性下降

13. 对房屋、建筑物、机器设备等能形成生产能力物质技术基础的投资，称为(　　)。

A .固定资产投资　　B. 对外投资　　C. 短期投资　　D. 流动资产

14. 净现值法的优点是考虑了资金的(　　)。

A. 初始投资额　　B. 时间价值　　C. 投资报酬率　　D. 筹资成本

15. 项目投资中不需要每年(　　)的成本费用，称为非付现成本。

A. 投入　　B. 回收　　C. 核算　　D. 支付现金

16. 下列哪种方式不影响企业的销售收入(　　)。

A. 商业折扣　　B. 现金折扣　　C. 销售折让　　D. 销售退回

17. 适用于销售基本稳定产品的趋势预测法是(　　)。

A. 简单平均法　　B. 移动平均法　　C. 加权移动平均法　　D. 本量利预测法

18. 适用于季节性产品的趋势预测法是(　　)。

A. 简单平均法　　B. 移动平均法　　C. 加权移动平均法　　D. 本量利预测法

19. 单位产品利润由(　　)和销售单价所决定。

A. 单位产品价值　　B. 单位产品成本　　C. 单位产品实物量　　D. 单位产品折扣

20. (　　)是使预算期始终保持为一个固定期间的一种预算。

A. 滚动预算　　B. 定期预算　　C. 弹性预算　　D. 零基预算

21. 某公司第一季度甲材料预计生产需要量为7000千克，年初甲材料库存量为800千克，计划年度内各季末甲材料库存按本季度生产需要量的10%储备，则第一季度甲材料预计采购量是(　　)。

A. 6900千克　　B. 6800千克　　C. 6500千克　　D. 6700千克

22. 资产每周转一次所用时间越少，说明资产的周转速度(　　)。

A. 越快　　B. 越慢　　C. 越长　　D. 越低

23. 某企业库存现金3万元，银行存款70万元，随时可以出售的交易性金融资产为80万元，预付费用20万元，应收账款70万元，存货150万元，流动负债800万元。据此，计算该企业的现金比率为(　　)。

A. 20%　　B. 18.75%　　C. 19.13%　　D. 20.25%

三、多项选择题(选出选项中两个或两个以上的正确答案填入括号内)

1. 资金循环的三阶段是(　　)。
   A. 供应阶段　B. 生产阶段　C. 销售阶段
   D. 筹资阶段　E. 用资阶段
2. 企业财务管理的内容包括(　　)。
   A. 筹资管理　B. 生产管理　C. 投资管理
   D. 回收管理　E. 利润及分配管理
3. 下列属于年金的是(　　)。
   A. 普通年金　B. 预付年金　C. 递延年金　D. 永续年金
4. 必要收益率由(　　)和(　　)组成。
   A. 风险收益率　B. 实际收益率　C. 预期收益率　D. 无风险收益率
5. 根据人们的效用函数的不同,可以按照其对风险的偏好分为(　　)。
   A. 风险回避者　B. 风险追求者　C. 风险转移者　D. 风险中立者
6. 目前我国企业筹集资金的方式主要有以下几种(　　)。
   A. 吸收直接投资　B. 发行股票　C. 向银行借款　D. 发行债券
7. 企业采用因素分析方法预测时,应在上年度资本平均占用额的基础上,剔除其中的不合理部分,下列属于不合理部分的有(　　)。
   A. 呆滞物资　B. 积压存货　C. 呆账死账　D. 闲置固定资产
8. 下列属于敏感性项目的有(　　)。
   A. 现金　B. 对外投资　C. 存货　D. 短期借款
9. 下列属于流动资产的是(　　)。
   A. 库存商品　B. 应付账款　C. 原材料　D. 在产品
10. 为了确定最佳现金持有量,企业可以采用的方法是(　　)。
    A. 成本分析模式　B. 现金周转期法　C. 存货模式　D. 银行业务集中模式
11. 企业提供现金折扣政策的目的有(　　)。
    A. 及时收回货款　B. 减少坏账损失　C. 延时收回货款　D. 增加坏账损失
12. 项目投资的特点有(　　)。
    A. 投资数额较大　B. 投资回收期长　C. 变现能力差　D. 投资风险高
13. 项目投资决策的方法主要有(　　)。
    A. 净现值法　B. 内含报酬率法　C. 获利指数法　D. 静态投资回收期法
14. 证券投资分为(　　)。
    A. 对内投资　B. 对外投资　C. 债券投资　D. 股票投资
15. 收入一般包括(　　)。
    A. 让渡资产使用权收入　B. 销售商品收入
    C. 收到政府补贴　D. 提供劳务收入
16. 加权移动平均法适用于(　　)产品的预测。

A. 日常生活必需品　　B. 销售略有变动的产品
C. 季节性产品　　D. 节日用产品

17. 下列方式中会使企业收入减少的有(　　)。
A. 商业折扣　B. 现金折扣　C. 销售折让　D. 销售退回

18. 成本性态是指(　　)之间在数量上的依存关系。
A. 特定业务量　B. 成本总额　C. 特定价值量　D. 成本结构

19. 财务预算的作用有(　　)。
A. 明确财务目标　B. 控制财务活动　C. 考核业绩标准　D. 协调财务关系

20. 现金预算的内容一般由(　　)组成。
A. 现金收入　B. 现金支出　C. 现金余缺　D. 现金调剂

21. 财务分析的方法主要包括(　　)。
A. 比较分析法　B. 比率分析法　C. 趋势分析法　D. 逻辑分析法

22.下列项目中属于速动资产的项目有(　　)。
A. 库存商品　B. 三个月到期的债权　C. 待摊费用　D. 库存现金

23.下列属于比率指标的是(　　)。
A. 效率比率　B. 速动比率　C .相关比率　D. 结构比率

四、判断改错题(判断正确或错误,正确的在括号内填"√",错误的填"×",如果错误请改正)

1. 财务管理环境又称理财环境，是指企业理财中涉及的各种影响企业财务活动的条件和因素。(　　)

2. 财务计划是指对企业一定时期的经济活动和财务活动所进行的分析、考核总结性工作。(　　)

3. 时间价值不可能由"时间"创造,而只能由工人的劳动创造,时间价值的真正来源是工人创造的剩余价值。(　　)

4. 同样的本金(现值)、利率、年限,由于计算方式不同(单利与复利),所取得的时间价值(利息)也不同,复利要低于单利。(　　)

5. 风险中立者既不回避风险，也不主动追求风险。他们选择资产的唯一标准是预期收益的大小,而不管风险状况。(　　)

6. 资金筹集当然是越多越好。(　　)

7. 资金成本可以用绝对数表示,也可以用相对数表示。在实际工作中,为了便于分析比

较,资本成本通常以相对数表示,即以资本成本率表示。(　　)

8. 综合资本成本是对个别资本成本进行加权平均确定的,故亦称加权平均资本成本。(　　)

9. 流动资产是专指一年内或一个营业周期内可以变现或耗用的资产。(　　)

10. 企业流动资产持有量过多会降低企业的收益水平。(　　)

11. 在存货ABC控制法下,应当重点管理的是那些虽然数量较少,但金额较大的存货。(　　)

12. 多样化投资不可以分散投资风险。(　　)

13. 一般情况下,风险和收益是相伴的,风险大,就意味着未来期望的不确定性越大,收益的可能性就越小。(　　)

14. 收入主要包括销售商品收入、提供劳务收入和政府补贴等收入。(　　)

15. 企业发生的由于处理无形资产、出售闲置固定资产取得的净收益,接受捐赠及让渡资产使用权等收入,不属于营业收入的范畴。(　　)

16. 盈亏平衡点的产品销售量也就是销售利润等于销售成本费用的销售量。(　　)

17. 运用量本利分析法预测企业利润,关键是要解决成本和销售量之间的关系。(　　)

18. 支付股利的形式有优先股利和股票股利两种。(　　)

19. 利得是由企业非日常活动所发生的会导致所有者权益增加的,与所有者投入资本无关的经济利益的流入。(　　)

20. 财务预算按其灵活程度分为固定预算、弹性预算、零基预算、滚动预算、长期预算和短期预算。(　　)

21. 滚动预算的预算期是连续不断的,始终保持一定期限。(　　)

22. 结构比率是将某总体中的指标数值与另一总体的数值对比。(　　)

23. 财务分析既是财务预测的前提,也是对过去财务活动的总结,在财务管理中起着承前启后的作用。(　　)

五、简述题

1. 简述企业财务管理的主要内容。
2. 简述企业财务管理的目标。
3. 简述影响理财环境的因素。
4. 简述资金时间价值的含义。
5. 简述风险偏好的类型。
6. 简述资产收益率的类型。
7. 简述企业筹资的方式有哪些。
8. 简述企业资金需要量的预测方法。
9. 简述企业流动资产的分类。
10. 简述企业应收账款的功能与成本。
11. 简述企业存货的功能与成本。
12. 简述投资的分类。
13. 简述项目投资决策的方法。
14. 简述加强销售收入管理对企业具有的意义。
15. 简述企业营业利润的计算方法。
16. 简述财务预算的含义及作用。
17. 简述现金预算组成的关系。
18. 简述财务分析的作用。
19. 简述流动比率、速动比率、现金比率的区别与共性。

六、计算分析题

1. 小刘借给张某30 000元,期限3年,约定年利息率5% ,按单利法计算利息。3年后小刘可收回多少钱?其中收到的利息为多少?

2. 赵先生借入现金60 000元,期限2年,约定年利息率6% ,按复利法计算利息。2年后赵先生应归还多少钱?其中支付的利息为多少?

3. 李先生准备每年年末存入银行30 000元,连续存5年,假如银行存款年利率5%,5年后李先生可取出多少钱?

4. 某公司现有如下两种筹资方案可供选择,要求:根据资料分别测算两个方案的加权平均资本成本,并选择最佳筹资方案。

筹资方式	A方案			B方案		
	筹资额(万元)	比重(%)	资金成本	筹资额(万元)	比重(%)	资金成本
普通股	190	47.5	15%	140	35	15%
优先股	10	2.5	12%			
公司债券	80	20	7%	60	15	8%
长期借款	120	30	6%	200	50	6.5%
合计	400	100	–	400	100	–

5. 惠通公司全年现金需要量为40万元,每天资金支出量保持稳定,每次有价证券转换费用为40元,有价证券利率为8%,要求计算该公司的最佳现金持有量。

6. 康佳公司全年需要甲零件4800件,每次的订货成本为800元,每件年储存成本为3元。

(1)要求使用逐批测试法(即假设年采购1、2、3、4、5、6批六种情况)填写下表,并指出该公司最佳经济订购批量。

(2)用公式法计算该公司最佳经济订购批量。

项目	各种批量					
订货批数(批)	1	2	3	4	5	6
订货批量						
年储存成本						
年订货成本						
年总成本合计						

7. 某企业拟投资一项目,资料如下:厂房、机器设备投资120万,流动资金投资40万,使用寿命5年,固定资产采用直线法计提折旧,项目终结时固定资产残值20万元。投产后预计每年销售收入160万元。第一年的付现成本为80万元,以后每年的付现成本为90万元。资金成本率为12%。

要求:

(1)计算投资方案的现金净流量。

(2)运用净现值法评价该方案是否可行。

8. 某企业生产甲产品,单位售价为98元/件,该产品的单位变动成本为60元,固定成本总额为40万元。测算该公司甲产品盈亏平衡点的销售量与销售额。

9. 某企业预计销售甲产品3000件,单价500元,单位成本为450元,其中:直接材料200元,直接人工150元,制造费用100元。

要求:按固定预算法编制产品销售利润预算表。

利润预算表

单位:元

项目	预算金额
销售收入	
销售成本	
直接材料	
直接人工	
制造费用	
销售利润	

10. A公司2006年年末资产负债表中有关数据如下:资产总额625万元,流动资产400万元,其中货币资金56万元,存货260万元,待摊费用4万元。负债合计300万元,其中流动负债160万元。计算A公司2006年的流动比率、速动比率、现金比率、资产负债率、产权比率。

综合自测题二

一、名词解释

1. 财务预测

2. 财务决策

3. 终值

4. 现值

5. 年金

6. 因素分析法

7. 敏感性项目

8. 综合资金成本

9. 现金折扣

10. 存货

11. 信用标准

12. 股票投资

13. 债券投资

14. 投资回收期

15. 销售收入预测

16. 保本销售额

17. 盈亏平衡点

18. 定性预测

19. 现金预算

20. 速动比率

二、单项选择题(选出选项中唯一正确的答案填入括号内)

1. 资金的运动过程,包括资金的筹集、资金的运用和资金的(　　)。
   A. 分配　　B. 流动　　C. 耗费　　D. 增值
2. (　　)是指在经过充分的调查、研究和分析的基础上,运用一定的方法对未来时期财务活动所做的分析和估算工作。
   A. 财务预测　　B. 财务决策　　C. 财务评价　　D. 财务控制
3. 资金时间价值的本质是(　　)。
   A. 放弃流动偏好的报酬　　B. 货币所有者推迟消费的报酬
   C. 时间流逝　　D. 工人创造的剩余价值
4. 下列公式中,复利现值计算公式是(　　)。
   A. $F=P\times(1+in)$　　B. $P=F\times(1-in)$　　C. $F=P\times(1+i)^n$　　D. $P=F\times(1+i)^{-n}$
5. (　　)与偿债基金系数互为倒数。
   A. 普通年金终值系数　　B. 普通年金现值系数
   C. 复利现值系数　　D. 复利终值系数
6. 企业通过发行股票、吸收直接投资、利用留存收益等方式筹集的资金都属于企业的(　　)。
   A. 结存　　B. 负债　　C. 全部资金来源　　D. 所有者权益
7. 企业筹资的目的不包括(　　)。
   A. 满足企业初期创建的需要　　B. 满足企业扩张经营规模的需要
   C. 满足企业偿还到期债务的需要　　D. 满足企业牟取暴利的需要
8. 下列不属于敏感性项目的有(　　)。
   A. 现金　　B. 应收账款　　C. 存货　　D. 固定资产

9. 某公司每年(360天)现金需求额为400万元,每次转换的交易成本为20 元,银行的存款利率为10%,则该公司的最佳现金持有量为(　　)。

A. 2万元　　B. 3万元　　C. 4万元　　D. 5万元

10. 经济批量是一定时期内(　　)总和最低的采购批量。

A. 采购成本和订货成本　　B. 储存成本和订货成本

C. 采购成本和储存成本　　D. 采购成本、订货成本和储存成本

11. 采用ABC分类法对存货进行控制时,应当重点控制的是(　　)。

A. 占用资金较多的存货　　B. 库存时间较长的存货

C. 品种较多的存货　　D. 数量较多的存货

12. 一般意义上讲,通过(　　)投资可以分散风险。

A. 单一　　B. 多样化　　C. 项目　　D. 实物

13. 某企业计划投资20万元建一生产线，预计投产后每年可获净利3万元，年折旧率10%,则投资回收期为(　　)。

A. 3年　　B. 4年　　C. 5年　　D. 6年

14. (　　)情况下,企业财务应当直接按照扣除折扣后的金额确定销售商品收入。

A. 商业折扣　　B. 现金折扣　　C. 销售折让　　D. 销售退回

15. 下列哪种方式会增加企业的费用(　　)。

A. 商业折扣　　B. 现金折扣　　C. 销售折让　　D. 销售退回

16. 根据市场调查得到的信息资料,结合以往的经验,推测和预计未来的销售收入方法是(　　)。

A. 定性预测法　　B. 定量预测法　　C. 趋势预测法　　D. 本量利预测法

17. 变动成本是指在一定条件下,其总额随(　　)的变化而变化的那部分成本。

A. 价格　　B. 产量　　C. 时间　　D. 质量

18. 资本保全规定公司决不能因支付股利而减少(　　)。

A. 所有者权益　　B. 净资产　　C. 资产　　D. 资本

19. 某公司计划年度年初A产品存货量为40件,本年各季度末产成品存货占本季度销售量的10%,第一季度产品销售量为500件,则第一季度预计生产量为(　　)。

A. 540件　　B. 500件　　C. 490件　　D. 510件

20. (　　)是指流动资产减去变现能力差且不稳定的存货、待摊费用、待处理流动资产损失等后的余额。

A. 现金类资产　　B. 固定资产　　C. 流动资产　　D. 速动资产

三、多项选择题(选出选项中两个或两个以上的正确答案填入括号内)

1. 财务管理环节包括(　　)。

A. 财务预测　　B. 财务决策　　C. 财务计划

D. 财务控制　　E. 财务评价

2. 财务决策一般包括(　　)。

A. 筹资决策　B. 投资决策　C. 成本决策

D. 利润分配决策　E. 管理决策

3. 每期期末等额收付的款项可称为(　　)。

A. 普通年金　B. 预付年金　C. 后付年金　D. 先付年金

4. 下列说法中正确的是(　　)。

A. “单利终值系数”,可以用符号$(F/P, i, n)$来表示

B. “复利终值系数”,可以用符号$(F/P, i, n)$来表示

C. “复利现值系数”,可以用符号$(P/A, i, n)$来表示

D. “年金终值系数”,可以用符号$(F/A, i, n)$来表示

5. 风险控制的对策一般包括(　　)。

A. 规避风险　B. 减少风险　C. 转移风险　D. 接受风险

6. 在下列各项中,能够为企业筹集权益资金的方式有(　　)。

A. 吸收直接投资　B. 发行股票　C. 融资租赁　D. 利用留存收益

7. 采用因素分析法来分析预测资金需要量要考虑的因素主要有(　　)。

A. 销售量的变动　B. 资产价格的变动

C. 资本周转速度变动　D. 筹资渠道

8. 因素分析法各因素中,与资金需要量成正比的因素是(　　)。

A. 销售量的变动　B. 资产价格的变动

C. 资本周转速度变动　D. 投资者信用情况

9. 下列属于债券投资缺点的是(　　)。

A. 本金安全性高　B. 收入稳定性强

C. 购买力风险较大　D. 没有相应管理权

10. 下列属于股票投资缺点的是(　　)。

A. 求偿权居后　B. 价格不稳定　C. 投资收益高　D. 收入不稳定

11. 下列说法正确的是(　　)。

A. 净现值≥0方案可行　B. 净现值>0方案可行

C. 净现值≤0方案不可行　D. 净现值<0方案不可行

12. 企业的信用评估方法一般包括(　　)。

A. 5C评估法　B. 减少坏账损失法　C. 账龄分析法　D. 信用评分法

13. 企业提供现金折扣政策的目的有(　　)。

A. 及时收回货款　B. 减少坏账损失

C. 延时收回货款　D. 增加坏账损失

14. 下列不属于收入范畴的有(　　)。

A. 出售无形资产　B. 出售闲置固定资产取得的净收益

C. 接受捐赠　D. 提供劳务收入

15. 趋势预测分析法主要包括(　　)。

A. 时间推算法　　B. 简单移动平均法
C. 量本利预测法　　D. 加权移动平均法

16. 在生产经营活动中,销售收入管理中主要考虑(　　)影响因素。
A. 价格　　B. 销售折扣　　C. 销售折让　　D. 销售退回

17. 运用量本利分析法预测企业利润关键是要解决(　　)之间的关系。
A. 成本　　B. 供应　　C. 生产　　D. 销售量

18. 全部成本按其性态可分(　　)两大类。
A. 生产成本　　B. 固定成本　　C. 变动成本　　D. 销售成本

19. 销售预算是指根据企业年度销售预测而确定(　　)。
A. 销售数量　　B. 销售单价　　C. 销售收入　　D. 销售成本

20. 在财务预算中,专门用以反映企业未来一定预算期内预计财务状况和经营成果的预算为(　　)。
A. 现金预算　　B. 预计资产负债表　　C. 预计利润表　　D. 预计现金流量表

四 判断改错题(判断正确或错误,正确的在括号内填"√",错误的填"×",如果错误请改正)

1. 企业生产经营过程中的资金运动及所体现的财务关系,就是企业财务。(　　)

2. 对现代企业来说,企业财务管理的目标就是企业价值的最大化。(　　)

3. 资金时间价值是指一定量的资金在不同时点上的价值量差额。(　　)

4. 普通年金是指从第一期开始每期期初收付款的年金。(　　)

5. 名义收益率表示已经实现或者确定可以实现的资产收益率,表述为已实现或确定可以实现的利息(股息)率与资本利得收益率之和。(　　)

6. 所谓筹集资金的渠道,是指企业如何取得资金,即筹集资金的方式。(　　)

7. 资金的使用即资金的循环和周转,是企业资金运动的起点。(　　)

8. 采用因素分析法时,直接在上年度资本平均占用额的基础上结合各因素变动进行预测。(　　)

9. 赊销是扩大销售的有力手段之一,企业如果放宽信用条件,就能减少赊销量。(　　)

10. 存货周转期是指将原材料转化成产成品并销售掉所需要的时间。(　　)

11. 在存货模式中持有现金的机会成本与固定性转换成本相等时，现金管理的相关总成本最低，此时的现金持有量为最佳现金持有量。（　　）

12. 简单平均法适用于销售数量有明显波动的产品，例如季节性产品、节日用产品等。（　　）

13. 加权移动平均法使过去几期的差异平均化，没有考虑到销售变化趋势，这样可能会出现较大误差。（　　）

14. 销售收入的量本利预测法是指按照成本的种类将成本划分为固定成本和变动成本。（　　）

15. 直接人工预算是有关劳动量和人工成本的财务预算。（　　）

16. 弹性预算主要适用于销售预算的编制。（　　）

17. 存货周转天数越多，反映存货变现速度越快。（　　）

五、简述题

1. 简述财务管理的基本环节。
2. 简述企业主要财务关系有哪几方面。
3. 简述风险控制的对策。
4. 简述资产收益的含义及表述方式。
5. 简述企业筹资的种类。
6. 简述企业流动资产的特点。
7. 简述企业应收账款的日常管理方法。
8. 简述企业存货ABC分类管理法。
9. 简述企业项目投资的特点。
10. 简述影响投资的因素有哪些。
11. 简述销售收入的含义及影响因素。
12. 简述销售收入的预测方法。
13. 简述加强销售收入管理对企业的意义。
14. 简述单一产品条件下盈亏平衡点销售数量的测算方法。
15. 简述预算的编制方法。
16. 简述全面预算的含义。

17. 财务分析有哪些方法。

六、计算分析题

1. 李女士每年年末存入50 000元，年利率为5%，存款期限为10年，要求计算10年后该笔款项的终值和现值。

2. 李某计划10年后能得到850 000元用于购置住房，假如银行存款年复利率为5%，李某应在今后10年每年年末存入银行多少钱？

3. 某企业预计全年需要现金48万元，预计存货周转期为80天，应收账款周转期为50天，应付账款周转期为40天。要求按现金周转期模式计算最佳现金持有量。

4. 大华公司每年计划销售红茶3000箱，每箱进货价为15元，平均每次订货费用为30元，每箱年储存成本为2元。

要求：

(1)计算该公司的经济进货批量。

(2)计算该公司经济进货批量下的存货相关总成本。

(3)计算该公司经济进货批量下的订货成本和储存成本。

5. 某公司准备购入一台设备生产新产品。现有甲乙两个方案可供选择。甲方案需投资15 000元，使用寿命5年，采用直线法计提折旧，5年后设备无残值，5年中每年销售收入为7000元，每年付现成本2000元。乙方案需投资12 000元，采用直线法计提折旧，使用寿命也是5年，5年后有残值收入2000元。5年中每年收入为8000元，付现成本第一年为3000元，以后随着设备陈旧，逐年增加修理费400元，另需垫支流动资金3000元。假设所得税率为40%。

要求：

(1)计算两个方案的现金流量。

(2)计算两个方案的净现值。

(3)计算两个方案的投资回收期。

(4)试判断应选用哪个方案。

6. 某企业经市场调研后结合本企业生产能力，拟生产A产品，预计年销售量为4000台，单位售价950元，其中单位变动成本420元，该产品应负担的固定成本总额为52万元。测算该公司甲产品盈亏平衡点的销售量与销售额。

7. 大华公司生产和销售某产品，计划期2012年四个季度预计销售数量分别为1000件、1500件、2000件和1800件；该产品预计单位售价为100元。假设每季度销售收入中，本季度收到现金60%，另外40%要到下季度才能收回，上年末应收账款余额为62 000元。

要求：

(1)编制2012年销售预算。

销售预算

季度	1	2	3	4	全年
销售数量(件)					
销售单价(元/件)					
销售收入(元)					

预计现金流入

单位:元

上年应收账款					
第一季度					
第二季度					
第三季度					
第四季度					
现金流入合计					

(2)确定2012年年末应收账款余额。

8. A公司2006年资产负债表和利润表中有关项目如下:资产总额625万元,其中应收账款31万元(年初为33万元)、存货260万元(年初240万元),年商品销售额1250万元,其中赊销比例为26.88%,销货成本为750万元。

计算:

(1)A公司2006年应收账款周转次数及天数;

(2)A公司2006年存货周转次数及天数。

参考答案

第一章

一、名词解释

1. 企业是从事生产、流通或服务活动,以营利为目的并实行独立核算的经济组织。

2. 企业的资金运动不是简单的价值数额运动,它的背后包含着复杂的经济关系。资金运动所体现的各种关系,称为财务关系。

3. 企业财务管理是组织资金运动、处理财务关系的一项综合性的经济管理工作,是企业管理的重要组成部分。

4. 在企业的生产经营活动中,流动资金是从货币形态开始运动的,经过储备资金、生产资金、产品资金依次转换后,最后又回到货币形态,但是这个货币形态是增大了的货币形态。这就是企业资金运动。

5. 筹资是指企业为了满足生产经营活动对资金的需要,以一定的方式筹措资金的过程,它是企业生产经营活动的前提。

6. 投资管理是企业将筹集的资金投入使用过程的管理,包括企业内部使用资金的过程和对外投放资金的过程。

7. 企业价值就是指在一定时间内企业全部资产的市场价值。

8. 财务预测是指在经过充分的调查、研究和分析的基础上,运用一定的方法对未来时期财务活动所做的分析和估算工作。

9. 财务决策是指在财务目标的总体要求下,运用专门的方法从各种备选方案中选出最佳方案。

10. 金融市场是指资金供应者和资金需要者双方通过金融工具进行交易的场所。是实现货币借贷和资金融通、办理各种票据和进行有价证券交易活动的市场。

11. 利息率简称利率,是利息占本金的百分比指标。

二、单项选择题

1. B　2. D　3. A　4. A　5. A　6. D　7. B　8. D　9. C　10. C　11. A　12. C　13. D　14. C　15. C　16. A　17. B　18. A　19. B　20. C

三、多项选择题

1. ABCD　2. ABC　3. ABCDEF　4. ACE　5. ABCDE　6. ABCDE　7. AE　8. ABC

9. CE　10. BCE　11. ABCD　12. ABD　13. ABCDE　14. ABE　15. ABCDE　16. ABCDE　17. BDE　18. AB　19. ABCDEF

四、判断题

1. √　2. √　3. ×　4. √　5. ×　6. √　7. ×　8. √　9. ×　10. ×　11. √　12. ×　13. √　14. ×　15. √

五、简述题

1. 资金循环的过程：资金循环的第一阶段是供应阶段；资金循环的第二阶段是生产阶段；资金循环的第三阶段是销售阶段。

2. 企业主要财务关系：企业与投资者和受资者之间的财务关系；企业与债权人、债务人之间的财务关系；企业与政府之间的财务关系；企业内部各单位之间的财务关系；企业与职工之间的财务关系；企业相互之间的财务关系。

3. 企业财务管理的主要内容：筹资管理；投资管理；利润及分配管理。

4. 企业财务管理的目标又称理财目标，是指企业进行财务活动所要达到的根本目的。对现代企业来说，企业生存并发展的主要目标就是企业价值的最大化，从财务角度来看，实现企业价值的最大化就是财务管理的目标。

5. 财务管理包括财务预测、财务决策、财务计划、财务控制、财务评价五个基本环节。

6. 财务预测主要有以下步骤：(1)确定预测目标；(2)搜集相关资料；(3)确定预测方法；(4)建立预测模型。

7. 财务控制主要有以下步骤：(1)制定控制标准，分解落实责任；(2)实施追踪控制，及时调整误差；(3)分析执行差异，搞好考核奖惩。

8. 财务决策主要有以下步骤：(1)确定决策目标；(2)提供备选方案；(3)选择最优方案。

9. 影响理财环境的因素：经济环境、法律环境和金融环境。

10. 利率主要是由供给与需求来决定的。经济周期、通货膨胀、国家货币政策和财政政策、国际经济政治关系、国家利率管制程度等，对利率的变动均有不同程度的影响。

第二章

一、名词解释

1. 资金时间价值是指一定量的资金在不同时点上的价值量差额。

2. 终值，又称将来值，是现在一定量的资金折算到未来某一时点所对应的金额，俗称“本利和”。

3. 现值，是指未来某一时点上的一定量资金折算到现在所对应的金额，俗称“本金”。

4. 年金，是指一定时期内每期等额收付的系列款项。

5. 资产收益是指资产的价值在一定时期的增值。

6. 必要收益率也称最低必要报酬率或最低要求的收益率，表示投资者对某资产合理要求的最低收益率。

7. 风险是对企业的目标产生负面影响的事件发生的可能性。

二、单项选择题

1. B 2. B 3. A 4. C 5. B 6. C 7. D 8. C 9. D 10. D 11. A 12. B 13. D 14. D 15. C 16. B 17. B 18. D 19. B 20. D 21. A 22. C

三、多项选择题

1. ABCD 2. ACD 3. ABD 4. CA 5. AC 6. CB 7. BD 8. CD 9. AC 10. AD 11. ABCD 12. AD 13. ABCD 14. ABCD 15. ABCD 16. ABD

四、判断改错题

1. √ 2. √ 3. × 4. √ 5. √ 6. √ 7. × 8. √ 9. × 10. √ 11. √ 12. × 13. × 14. √ 15. √ 16. √ 17. √ 18. × 19. ×

五、简答题

1. 资金时间价值是指一定量的资金在不同时点上的价值量差额。即使不考虑通货膨胀因素,资金在不同时点上的价值也不一样。比如现在的一元钱和一年以后的一元钱是不相等的。某人现在将100元存入银行,年利率为10%,一年以后他将连本带利取出110元。110元中的10元是银行使用100元的资金而付给投资者的报酬。这种报酬就是资金的时间价值,即资金在周转过程中随着时间推移而发生的价值增值。

2. 资产收益是指资产的价值在一定时期的增值。一般情况下, 有两种表述资产收益的方式:第一种方式是以金额表示的,称为资产的收益额,通常以资产价值在一定期限内的增值量来表示。第二种方式是以百分比表示的,称为资产的收益率或报酬率,是资产增值量与期初资产价值(价格)的比值。

3. 资产收益率的类型:(1)名义收益率。仅指在资产合约上标明的收益率。(2)实际收益率。表示已经实现或者确定可以实现的资产收益率, 表述为已实现或确定可以实现的利息(股息)率与资本利得收益率之和。(3)预期收益率。也称为期望收益率,是指在不确定的条件下,预测的某资产未来可能实现的收益率。(4)无风险收益率。也称无风险利率,它是指可以确定可知的无风险资产的收益率,它的大小由纯粹利率(资金的时间价值)和通货膨胀补贴两部分组成。(5)风险收益率。是指某资产持有者因承担该资产的风险而要求的超过无风险利率的额外收益。风险收益率衡量了投资者将资金从无风险资产转移到风险资产而要求得到的“额外补偿”。(6)必要收益率。也称最低必要报酬率或最低要求的收益率,表示投资者对某资产合理要求的最低收益率。必要收益率由无风险收益率和风险收益率组成。

4.风险控制的对策:(1)规避风险。当资产风险所造成的损失不能由该资产可能获得的收益予以抵消时,应当放弃该资产,以规避风险。例如,拒绝与不守信用的厂商业务往来;放弃可能明显导致亏损的投资项目。(2)减少风险。减少风险主要是指两个方面,一是控制风险因素,减少风险的发生;二是控制风险发生的频率和降低风险损害程度。减少风险的常用方法有:进行准确的预测;对决策进行多方案优选和替代;及时与政府部门沟通获取政策信息;在发展新产品前,充分进行市场调研;采用多领域、多地域、多项目、多品种的经营或投资以分散风险。(3)转移风险。对可能给企业带来灾难性损失的资产,企业应以一定的代价,采取某种方式转移风险。如向保险公司投保;采取合资、联营、联合开发等措施实现风险共担;通过技术转让、租赁经营和业务外包等实现风险转移。(4)接受风险。接受风险包括风险自担和风险自保两种。风险自担是指风险损失发生时，直接将损失摊入成本或费用，或冲减利润。风险自保是指企业预留一笔风险金或随着生产经营的进行，有计划地计提资产减值准备等。

5. 风险偏好的类型：(1)风险回避者。当预期收益率相同时，风险回避者都会偏好于具有低风险的资产；而对于同样风险的资产，他们则都会钟情于具有高预期收益的资产。但当面临以下这样两种资产时，他们的选择就要取决于他们对待风险的不同的态度：一项资产具有较高的预期收益率同时也具有较高的风险，而另一项资产虽然预期收益率低但风险水平也低。(2)风险追求者。与风险回避者恰恰相反，风险追求者主动追求风险，喜欢收益的动荡胜于喜欢收益的稳定。他们选择资产的原则是：当预期收益相同时，选择风险大的，因为这会给他们带来更大的效用。(3)风险中立者。风险中立者既不回避风险，也不主动追求风险。他们选择资产的唯一标准是预期收益的大小，而不管风险状况如何，这是因为所有预期收益相同的资产将给他们带来同样的效用。

六、计算分析题

1. (1)$F=P\times(1+i\times n)=10\ 000\times(1+5\%\times3)=11\ 500$(元)
   (2)11 500−10 000=1500(元)
2. (1)$F=P\times(F/P,\ i,n)=10\ 000\times(F/P,5\%,3)=10\ 000\times1.1576=11\ 576$(元)
   (2)11576−10 000=1576(元)
3. (1)$F=P\times(1+i\times n)=26\ 000\times(1+6\%\times2)=29\ 120$(元)
   (2)29 120−26 000=3120(元)
4. (1)$F=P\times(F/P,\ i,n)=26\ 000\times(F/P,6\%,3)=26\ 000\times1.1910=30\ 966$(元)
   (2)30 966−26 000=4966(元)
5. (1)$F=P\times(F/P,\ i,n)=20\ 000\times(F/P,4\%,5)=20\ 000\times1.2167=24\ 334$(元)
   (2)24 334−20 000=4334(元)
6. $P=F\times(P/F,\ i,n)=50\ 000\times(P/F,5\%,3)=50\ 000\times0.8638=43\ 190$(元)
7. $F=A\times(F/A,i,n)=30\ 000\times(F/A,8\%,5)=30\ 000\times5.8666=175\ 998$(元)
8. $F=A\times(F/A,i,n)=A\times(F/A,5\%,10)=A\times12.578=850\ 000$
   所以A=67578.31(元)
9. $F=A\times(F/A,i,n)=A\times(F/A,5\%,5)=A\times5.5256=100\ 000$
   所以A=18 097.58(元)
10. $F=A\times(F/A,i,n)=A\times(F/A,3\%,3)=A\times3.0909=60\ 000$
    所以A=19 411.82(元)
11. (1)$F=A\times(F/A,i,n)=A\times(F/A,5\%,10)=50\ 000\times12.578=628\ 900$(元)
    (2)$P=A\times(P/A,i,n)=A\times(P/A,5\%,10)=50\ 000\times7.7217=386\ 085$(元)
12. $P=A\times(P/A,i,n)=A\times(P/A,6\%,5)=100\ 000\times4.2124=421\ 240$(元)
13. $P=A\times(P/A,i,n)=A\times(P/A,4\%,8)=A\times6.7327=200\ 000$
    所以A=29 705.76(元)
14. $P=A\times(P/A,i,n)=A\times(P/A,7\%,10)=A\times7.0236=500\ 000$
    所以A =71 188.56(元)

15. 方案一：$P=F\times(P/F,\ 6\%,1)+F\times(P/F,6\%,2)+\ F\times(P/F,6\%,3)=240\ 000\times0.9434$
$+280\ 000\times0.8900+280\ 000\times0.8396=710\ 704$（元）

方案二：$P=A\times(P/A,i,n)=A\times(P/A,6\%,4)=200\ 000\times3.4651=693\ 020$（元）

方案三：$P=760\ 000$（元）

应该选择方案二，因为方案二对王女士来说最省钱。

第三章

一、名词解释

1. 筹资是企业通过一定的筹资渠道和资金市场，采取适当的渠道方式，经济有效地为企业筹集所需资金的一种行为。

2. 权益性筹资是企业依法筹集并长期拥有，可以自主支配使用的资金。它主要包括实收资本、资本公积、盈余公积和未分配利润。

3. 债权性筹资是指企业依法筹措并依约使用、按期偿还的资金。它主要包括银行或非银行金融机构的各种借款、应付债券、应付票据等。

4. 定性预测法是利用直观的资料，依靠个人的经验和主观分析、判断能力，对未来资金需求量做出预测的方法。

5. 定量预测法是根据比较完备的财务数据资料，采用数学模型对未来资金需要量做出预测的方法。常用的定量预测法有销售百分比法和因素分析法。

6. 销售百分比法是根据销售额指标与资产负债表有关项目之间的比例关系，预测资金需要量和追加筹资额的方法。

7. 因素分析法又称分析调整法，是以有关资本项目上年度的实际平均需要量为基础，根据预测年度的生产经营任务和加速资本周转的要求，进行分析调整，来预测资本需要量的一种方法。

8. 银行借款成本是指企业使用银行借款支付的借款利息和筹资费用。

9. 债券成本是指企业发行债券筹集资金所支付的债券发行费用及债券利息。

10. 普通股成本是企业发行普通股筹集资金所支付的发行费用及支付的普通股的股息。

11. 吸收直接投资是指企业以协议等方式吸收国家、其他法人单位、个人和外商等的投入资金，形成企业资本金的筹资方式。

12. 利用商业信用是指企业在商品交易活动中通过延期付款或预收货款获得的借贷资金，它是企业筹集短期资金的重要方式。

13. 敏感性项目就是指假定的与销售额存在固定比例关系的资产、负债项目，包括现金、应收账款、存货、预付费用、应付票据、应付账款、应付费用等。它们一般会随销售额的增减而变动。

14. 在市场经济条件下，企业不能无偿使用资金，必须向资金提供者支付一定数量的费用作为补偿。这些补偿性的支出就是资金成本。资金成本也称资本成本，是指企业为取得和使用资金而支付的各种费用。资金成本包括用资费用和筹资费用两部分内容。

15. 综合资金成本是指企业全部长期资本的总成本，通常是以各种资本占全部资本的比重为权数，对个别资本成本进行加权平均确定的，故亦称加权平均资本成本。

二、单项选择题

1. B　2. B　3. D　4. A　5. D　6. D　7. C　8. A　9. B　10. D　11. C　12. B　13. D　14. D　15. B　16. D　17. C　18. C　19. C　20. A

三、多项选择题

1. ABCD　2. ABD　3. ABCD　4. ACD　5. ABCD　6. BD　7. ABCD　8. ABC　9. AB　10. AC　11. ABD　12. ABC　13. AB　14. AC　15. ABD

四、判断改错题

1. ×　2. ×　3. ×　4. √　5. √　6. ×　7. ×　8. ×　9. ×　10. ×　11. √　12. ×　13. √　14. ×　15. √

五、简答题

1. 企业筹资方式是企业筹措资金所采用的具体形式。目前，我国企业筹资方式有七种：吸收直接投资、发行股票、利用留存收益、向银行借款、利用商业信用、发行公司债券、融资租赁。

2. 企业筹资按所筹资金性质分类，可分为权益性筹资和债权性筹资。企业筹资按所筹资金的使用期限分类，可分为短期筹资和长期筹资。企业筹资按所筹资金的来源、范围分类，可分为内部筹资和外部筹资。企业筹资按是否借助金融机构分类，可分为直接筹资和间接筹资。

3. 企业筹资的目的包括：(1)满足企业初期创建的需要；(2)满足企业扩张经营规模的需要；(3)满足企业偿还到期债务的需要；(4)满足企业应付偶发事件的需要；(5)满足对外投资的需要。

4. 企业筹资的原则：(1)规模适当原则；(2)筹措及时原则；(3)来源合理原则；(4)方式经济原则。

5. 企业资金需要量的预测可以采用定性预测法和定量预测法。(1) 定性预测法是利用直观的资料，依靠个人的经验和主观分析、判断能力，对未来资金需求量做出预测的方法。这种方法简单直接，在缺乏资料和因素复杂的情况下行之有效。但它预测结果的准确性较差，一般只作为预测的辅助方法。(2)定量预测法是根据比较完备的财务数据资料，采用数学模型对未来资金需要量做出预测的方法。常用的定量预测法有销售百分比法和因素分析法。

6. 因素分析法又称分析调整法，是以有关资本项目上年度的实际平均需要量为基础，根据预测年度的生产经营任务和加速资本周转的要求，进行分析调整，来预测资本需要量的一种方法。这种方法计算简便，容易掌握，但预测结果不太准确。它通常用于品种繁多、规格复杂、用量较小、价格较低的资本占用项目，也可以用于匡算企业全部资本的需要量。采用这种方法时，应在上年度资本平均占用额的基础上，剔除其中呆滞积压等不合理部分，然后根据预测期的生产任务和加速资本周转的要求进行测算。

7. 销售百分比法的基本步骤：(1)计算基期(上期)资产负债表中各敏感项目的销售百分比并填表；(2)编制预计(下期)资产负债表；(3)确认资金需要量，就是预计(下期)资产负债表总额；(4)计算需要追加的筹资额；(5)计算预计(下期)可增加的留用利润和对外筹资额。

8. 在市场经济条件下，企业不能无偿使用资金，必须向资金提供者支付一定数量的费用作为补偿，即资金成本。资金成本可以用绝对数表示，也可以用相对数表示。在实际工作中，为了便于分析比较，资本成本通常以相对数表示，即以资本成本率表示。具体包括：个别资本成本和综合资本成本。

9. 综合资本成本是指企业全部长期资本的总成本，通常是以各种资本占全部资本的比重为权数，对个别资本成本进行加权平均确定的，故亦称加权平均资本成本。其计算公式为加权平均资本成本=∑(某种资金成本率×该种资金占全部资金的比重)。

六、计算分析题

1. 该企业资金需要量=(189−20)×(1+10%)×(1−2%)×(1−5%)=173.07(万元)

2. $b=\dfrac{700-630}{9-7}=35$

$a=y_1-bx_1=700-35\times9=385$

$y=a+bx=385+35\times9.5=717.5$(万元)

3. 银行借款成本率$=\dfrac{200\times10\%\times(1-33\%)}{200\times(1-2\%)}=6.84\%$

4. 债券成本率$=\dfrac{100\times12\%\times(1-33\%)}{180\times(1-8\%)}=4.86\%$

5. 普通股成本率$=\dfrac{300\times12\%}{350\times(1-5\%)}+10\%=20.83\%$

6. 优先股成本率$=\dfrac{180\times15\%}{225\times(1-8\%)}=13.04\%$

7. A方案加权平均资本成本=47.5%×15%+2.5%×12%+20%×7%+30%×6%=10.625%

B方案加权平均资本成本=35%×15%+15%×8%+50%×6.5%=9.7%

因为A方案的加权平均资本成本大于B方案的加权平均资本成本，所以B方案为最佳资本结构。

第四章

一、名词解释

1. 流动资产是指可以在一年或者超过一年的一个营业周期内变现或耗用的资产，主要包括现金、银行存款、短期投资、应收及预付款项、存货、待摊费用等资产。

2. 现金，是指可以立即用来购买物品、支付各项费用或用来偿还债务的交换媒介或支付手段。现金有广义和狭义之分。广义的现金是指生产过程中以货币形态存在的资金，包括库存现金、银行存款和其他货币资金等。狭义的现金仅指库存现金。

3. 现金的交易性需要是指企业为满足日常业务而持有一定量的现金。

4. 现金的预防性需要是指企业为应付意外情况而持有一定量的现金。

5. 现金的投机性需要是指企业为抓住转瞬即逝的购买机会而持有一定量的现金。

6. 现金的机会成本指企业因保留一定的现金余额而丧失的再投资收益。

7. 应收账款是指因对外销售产品、材料、提供劳务及其他原因,应向购货单位或接受劳务的单位及其他单位收取的款项,包括应收销售款、其他应收款、应收票据等。

8. 信用标准是指客户获得企业的商业信用所应具备的最低条件。

9. 现金折扣是企业对顾客在商品价格上所做的扣减。

10. 存货是指企业在日常生产经营过程中持有以备出售,或者仍然处在生产过程,或者在生产或提供劳务过程中将消耗的材料或物料等。存货主要包括各类材料、商品、在产品、半成品、产成品等。

11. 存货经济批量是指通过合理的进货批量和进货时间，使存货的储存成本和订货成本总和达到最低时的采购批量。

二、单项选择题

1. B　2. B　3. B　4. A　5. A　6. D　7. B　8. D　9. C　10. C　11. B　12. C　13. B　14. C　15. B　16. D　17. C　18. C　19. B　20. B　21. B　22. C　23. B

三、多项选择题

1. BD　2. ABCD　3. ABCD　4. ABD　5. ABCD　6. ABCD　7. ABC　8. AD　9. AD　10. BC　11. AC　12. ABD　13. ABC　14. ABCD　15. AD　16. AB　17. ABCD　18. ABC　19. ABC　20. ABCD　21. ABCD　22. AC　23. ABC

四、判断改错题

1. ×　2. ×　3. ×　4. ×　5. √　6. √　7. ×　8. √　9. √　10. ×　11. ×　12. √　13. ×　14. √　15. ×　16. ×　17. √　18. ×　19. √

五、简答题

1. 企业流动资产的特点:(1)流动资产的周转具有短期性。企业投放于流动资产上的资金,周转一次所需时间较短,通常会在一年或一个营业周期内收回,对企业影响的时间比较短。(2)动资产具有容易变现性。短期投资、应收账款、存货等流动资产一般具有较强的变现能力。(3)流动资产的数量具有波动性。流动资产在企业再生产过程中,其数量会随着企业内外部条件的变化而变化,时高时低,起伏不定,具有波动性。(4)流动资产循环与生产经营周期具有一致性。企业的生产经营过程,也是物化劳动和活劳动的消耗过程,完成一次生产经营周期,流动资产也完成一次循环。

2.按资产的占用形态,流动资产可以分为以下几种:(1)现金。是指可以立即用来购买物品、支付各项费用或用来偿还债务的交换媒介或支付手段。主要包括库存现金和银行活期存款,有时也将短期或到期的票据看作现金。(2)短期投资。是指各种准备随时变现并且持有时间不准备超过一年(含一年)的投资。包括股票、债券、基金等,其中主要是指有价证券投资。(3)应收及预付账款。是指企业发生的各种债权,包括应收票据、应收账款、其他应收款和预付货款。(4)存货。是指企业持有的各种材料、商品、在产品、半成品、产成品等。

3. 企业持有现金的动机:(1)交易性需要。是指企业为满足日常业务而持有一定量的现金。(2)预防性需要。是指企业为应付意外情况而持有一定量的现金。(3)投机性需要。是指企业为抓住转瞬即逝的购买机会而持有一定量的现金。

企业持有现金的成本:(1)管理成本。是指企业因保留一定的现金余额而增加的管理费用。(2)机会成本。是指企业因保留一定的现金余额而丧失的再投资收益。(3)转换成本。是指企业用现金购入有价证券以及转让有价证券换取现金时付出的交易费用，如委托买卖佣金、委托手续费、证券过户费、实物交割手续费等。(4)短缺成本。是指企业在现金持有量不足而又无法及时通过有价证券变现加以补充而使企业蒙受的损失。

4. 企业现金的日常管理方法：(1)加速现金收回。①银行业务集中法。是指通过设立多个收款中心来代替通常在公司总部设立的单一收款中心，以加速账款收回的一种方法。②邮政信箱法。又称锁箱系统，是通过承租多个邮政信箱，以缩短从收到顾客付款到存入当地银行所需时间的一种现金管理办法。(2)控制现金支出。①合理利用现金"浮游量"。现金"浮游量"是指企业账户上现金余额与银行账户上列示的存款余额之间的差额。利用现金浮游量，公司可适当减少现金数量，达到现金节约的目的。但是，利用浮游量往往对供应商不利，有可能破坏公司和供应商之间的关系，这一因素应加以考虑。②推迟支付应付款。企业可在不影响信誉的情况下，尽可能推迟应付款的支付时间。

5. 企业应收账款的功能：(1)促进销售；(2)减少存货。应收账款的成本：(1)机会成本。是指企业资金因投放于应收账款而放弃的其他收入。(2)管理成本。是指企业对应收账款进行日常管理所耗费的各种费用。(3)坏账成本。是指应收账款因故不能收回而给企业带来的损失。

6. 企业信用政策包括：(1)信用期间。是企业允许顾客从购货到付款之间的时间，或者说是企业给予顾客的付款期间。(2)信用标准。是指客户获得企业的商业信用所应具备的最低条件。(3)现金折扣。是企业对顾客在商品价格上所做的扣减。

7. 企业应收账款的日常管理方法：(1)企业的信用调查。是指搜集和整理反映顾客信用状况有关资料的一项工作。它是企业应收账款日常管理的基础，也是正确评价顾客信用的前提条件。信用调查可以分为直接调查和间接调查两种。(2)企业的信用评估。企业在设定某一客户的信用标准时，往往要对客户进行了解评估，常用的是5C评估法和信用评分法。(3)分析应收账款账龄。(4)收回应收账款。(5)预计坏账损失，计提坏账准备。

8. 5C评估法的内容：(1)品质。是指顾客的信誉，即履行偿债义务的可能性。(2)能力。是指顾客的偿债能力，即流动资产的数量和质量以及与流动负债的比例。(3)资本。是指顾客的财务实力和财务状况，表明顾客可能偿还债务的背景。(4)抵押。是指顾客拒付款项或无力支付款项时能被用作抵押的资产。(5)条件。是指可能影响顾客付款能力的经济环境。

9. 企业存货的功能：(1)防止停工待料；(2)适应市场变化；(3)降低进货成本；(4)维持均衡生产。存货的成本：(1)取得成本。是指存货的进货成本，主要由存货进价和进货费用两个方面构成。(2)储存成本。是指企业为持有存货而发生的费用。(3)缺货成本。是指因存货不足而给企业造成的损失。

10. 存货ABC分类管理法就是指按照一定的标准，将企业的存货划分为A、B、C三类，分别实行分品种重点管理、分类别一般控制和按总额灵活掌握的存货管理方法。分类的标准主要有两个：一是金额标准，二是品种数量标准。其中金额标准是最基本的，品种数量标准仅作为参考。A 类存货金额巨大，但品种数量较少；B类存货金额一般，但品种数量相对较多；C类存货数量繁多，但价值却很小。一般而言，三类存货的金额比重大致为A:B:C=7:2:1，品种数量比重大致为A:B:C=1:2:7。

六、计算分析题

1.

项　目	甲	乙	丙	丁
现金持有量	30 000	50 000	70 000	100 000
管理成本	3000	3000	3000	3000
短缺成本	5000	2000	1000	0
机会成本	2400	4000	5600	8000
总成本	10 400	9000	9600	12 000

乙方案现金持有量使总成本最低，所以选择乙方案，持有量为50 000元。

2. $Q=\sqrt{\frac{2\times计划年度现金总需求量\times证券每次转换费用}{证券利息率}}=\sqrt{\frac{2TF}{K}}$

$=\sqrt{\frac{2\times100\ 000\times450}{10\%}}=30\ 000$(元)

3. $Q=\sqrt{\frac{2\times计划年度现金总需求量\times证券每次转换费用}{证券利息率}}=\sqrt{\frac{2TF}{K}}$

$=\sqrt{\frac{2\times400\ 000\times40}{8\%}}=20\ 000$(元)

4. 现金周转期=80+50−40=90(天)

现金周转率=360÷90=4(次)

最佳现金持有量=48÷4=12(万元)

5. (1)

项目	各种批量					
订货批数(批)	1	2	3	4	5	6
订货批量(件)	4800	2400	1600	1200	960	800
年储存成本(元)	7200	3600	2400	1800	1440	1200
年订货成本(元)	800	1600	2400	3200	4000	4800
年总成本合计(元)	8000	5200	4800	5000	5440	6000

订货批量为1600件时，年总成本最低，所以该公司的最佳经济订货批量为1600件。

(2)经济进货批量$(Q)=\sqrt{\frac{2\times\text{计划年度存货总需求量}\times\text{平均每次订货费用}}{\text{单位年储存成本}}}=\sqrt{\frac{2AB}{C}}$

$=\sqrt{\frac{2\times4800\times800}{3}}=1600$(件)

6. (1)经济进货批量$(Q)=\sqrt{\frac{2\times\text{计划年度存货总需求量}\times\text{平均每次订货费用}}{\text{单位年储存成本}}}=\sqrt{\frac{2AB}{C}}$

$=\sqrt{\frac{2\times3000\times30}{2}}=300$(箱)

(2)经济进货批量下的存货相关总成本$(TC)=\frac{A}{Q}\times B+\frac{Q}{2}\times C=\frac{3000}{300}\times30+\frac{300}{2}\times2=600$(元)

(3)订货成本$=\frac{A}{Q}\times B=\frac{3000}{300}\times30=300$(元)

储存成本$=\frac{Q}{2}\times C=\frac{300}{2}\times2=300$(元)

7. (1)经济订货批量$(Q)=\sqrt{\frac{2\times\text{计划年度存货总需求量}\times\text{平均每次订货费用}}{\text{单位年储存成本}}}=\sqrt{\frac{2AB}{C}}$

$=\sqrt{\frac{2\times5000\times60}{0.2\times12}}=500$(千克)

(2)经济进货批量下的存货相关总成本$(TC)=\frac{A}{Q}\times B+\frac{Q}{2}\times C$

$=\frac{5000}{500}\times60+\frac{500}{2}\times2.4=1200$(元)

(3)订货成本$=\frac{A}{Q}\times B=\frac{5000}{500}\times60=600$(元)

储存成本$=\frac{Q}{2}\times C=\frac{500}{2}\times2.4=600$(元)

(4)$5000\div500=10$(次)

(5)$360\div10=36$(天)

第五章　投资管理

一、名词解释

1. 投资是指将财力投放于一定的对象，以期望在未来获取收益或某种权利的经济行为。

2. 短期投资也称为流动资产投资，是指准备在一年或超过一年但在一个营业周期内收回的投资。

3. 长期投资是指不准备在一年内变现，或是超过一年或一个营业周期才能收回的投资。

4. 在投资决策时，如果选择了某一投资项目，就会放弃其他投资项目，其他的投资机会可能取得的收益就是本项目的机会成本。

5. 项目投资，是以特定项目为对象，直接新建或更新改造项目的长期投资行为。

6. 营业现金流入量是指项目投入使用后，每年的营业现金收入扣除每年付现成本和缴纳所得税后的余额。

7. 投资回收期是根据回收初始投资额所需要的时间的长短来判定投资方案是否可行的一种方法。

8. 净现值法是借助净现值指标对投资方案进行评价分析的一种方法。净现值是指将投资项目投入使用后的现金净流量，以资金成本或企业要求达到的最低报酬率为折现率折算为现值,再减去初始投资后的余额。

9. 股票投资,是通过认购股票成为股票发行公司的股东,并获得股利或差价收益,如果持有到一定比例还可以具有控制权的投资行为。

10. 债券投资就是企业将资金用于购买其他企业发行的债券并获取利息的行为。

二、单项选择题

1. A 2. D 3. A 4. B 5. C 6. D 7. B 8. C 9. B 10. A 11. D 12. B 13. D 14. A 15. A 16. D 17. A 18. B 19. A 20. C

三、多项选择题

1. AD 2. ABCD 3. ABCD 4. BCD 5. ABCD 6. CD 7. ABC 8. BCD 9. AD 10. ABC 11. AC 12. AD 13. AC 14. CD 15. ABD

四、判断题

1. √ 2. √ 3. × 4. × 5. × 6. × 7. × 8. √ 9. √ 10. √ 11. × 12. √ 13. × 14. √ 15. √

五、简述题

1. 企业项目投资的特点:(1)投资金额较大;(2)投资回收期长;(3)变现能力差;(4)投资风险高。

2. 影响投资的因素:(1)投资的机会成本;(2)投资的风险和收益;(3)筹资能力;(4)投资环境。

3. 债券投资的优点:(1)本金安全性高;(2)收入稳定性强;(3)市场流动性好。债券投资的缺点:(1)购买力风险较大;(2)没有相应管理权。

股票投资的优点:(1)投资收益高;(2)购买力风险低;(3)拥有经营控制权。股票投资的缺点:(1)求偿权居后;(2)价格不稳定;(3)收入不稳定。

4. 企业投资可以有以下几种分类:(1) 按投资期限分为短期投资和长期投资;(2) 按投入的领域分为生产性投资和非生产性投资;(3)按投资方向分为对内投资和对外投资。

5. 现金流入量包含营业现金流入量、固定资产的净残值收入、收回垫支的流动资金。

6. 现金流出量包含原始投资、流动资产投资、项目所需投入的非货币资产变现价值。

7. 项目投资决策的方法有投资回收期法和净现值法。

8. 净现值法的一般运算步骤:(1)计算投资项目的各年现金净流量。(2)将各年现金净流量折算成现值。(3)计算净现值。

六、计算分析题

1. 利润总额:100 000−60 000=40 000(元)

净利润:40 000×(1−25%)=30 000(元)

年营业现金流量:30 000+10 000=40 000(元)

2. (1)年折旧额:300 000÷10=30 000(元)

年营业现金流量:48 000+ 30 000=78 000(元)

回收期:300 000÷78 000=3.85(年)

(2)净现值:78 000×(*P/A*,10,10%)−300 000=78 000×6.1446−300 000=179 278.8(元)

3. 2000×10%×(*P/A*,5,12%)+2000×(*P/F*,5,12%)=2000×3.6048+2000×0.5674=1855.76(元)

4. 债券价值=(1000+1000×12%×10)×(P/F,10,10%)=(1000+1200)×0.3855=848.1(元)

经过计算,债券的价值为848.1元,当债券价格低于848.1元时,才能进行投资。

5.(1)股票价值=0.5×22=11(元)

(2)股票价格=0.5×20=10(元)

6.(1)固定资产年折旧额:(120−20)÷5 =20(万元)

第0年现金净流量:−120−40=−160(万元)

第1年现金净流量:160−80−(160−80−20)×40% =56(万元)

第2年到第4年现金净流量:160−90−(160−90−20)×40% =50(万元)

第5年现金净流量:50+20+40 =110(万元)

(2)56×0.8929+50×0.7972+50×0.7118+50×0.6355+110×0.5674−160=59.64(万元)

7.(1)甲方案:

折旧额:15 000÷5=3000(元)

第1年到第5年现金流量:(7000−2000−3000) ×(1−40%)+3000=4200(元)

乙方案:

折旧额:(12 000−2000)÷5=2000(元)

第1年到第5年现金流量分别为:

(8000−3000−2000)×(1−40%)+2000=3800(元)

(8000−3400−2000)×(1−40%)+2000=3560(元)

(8000−3800−2000)×(1−40%)+2000=3320(元)

(8000−4200−2000)×(1−40%)+2000=3080(元)

(8000−4600−2000)×(1−40%)+2000+2000+3000=7840(元)

(2)甲方案净现值:

4200×3.7908−15 000=921.36(元)

乙方案净现值:

3800×0.9091+3560×0.8264+3320×0.7513+3080×0.6830+7840×0.6209−(12 000+3000)=862.376(元)

(3)甲方案回收期:

15 000÷4200=3.57(年)

乙方案回收期:

4+[15 000−(3800+3560+3320+3080)]÷7840=4.16(年)

(4)应选择甲方案。

第六章

一、名词解释

1.收入是指企业在日常活动中形成的、会导致所有者权益增加的、与所有者投入资本无关的经济利益的总流入。

2.销售折扣是指企业根据客户的订货数量和付款时间而给予的折扣或给予客户的价格优惠。

3.销售折让是企业向客户交付商品后,因商品的品种、规格或质量等不符合合同的规定,经企业与客户协商,客户同意接受商品,而企业在价格上给予一定比例的减让。

4.销售退回是指在产品已经销售,销售收入已经实现以后,由于购货方对收到货物的品种或质量不满意等原因而向企业退货,企业向购货方退回货款。

5.简单平均法,也称算术平均法,是求出过去几个经营时期销售数量的算术平均值,以此作为未来销售数量的预测数。

6.加权移动平均法,是在移动平均法的基础上,根据销售变化趋势给各期规定不同的权数,然后求出加权后的各期平均数。

7.定性预测是根据市场调查得到的信息资料,结合以往的经验,推测和预计未来的销售收入。

8.定量预测是根据历史销售资料和市场调查信息,运用一定的数学模型来预测未来的销售收入。

9.趋势预测法是根据历史资料,对未来时期的市场销售态势进行预计的一种量化分析方法。主要有简单平均法、移动平均法、加权移动平均法、指数平滑法。

10.量本利预测法是指按照成本性态将成本划分为固定成本和变动成本,在此基础上,根据销售量、成本和利润三者之间的内在联系进行分析,在已知产品成本水平的情况下,根据企业目标利润的要求,预测商品销售量及销售额。

11.保本销售额是指企业的产品销售利润为零,即处于不亏本不盈利状态下的销售额。

12.盈亏平衡点也称保本点,它是区分盈利和亏损的分界点,是衡量企业盈亏的一个标准。在这点上销售利润等于零,即销售收入总额与成本总额相等。

13.保利销售额是指完成预计目标利润需要达到的销售额。

14.标准产品是相对于新产品和特殊产品而言的、企业常规生产的产品。

15.所谓新产品,包括两方面含义:一是指市场上没有,本企业过去也没有,新近投产上市的产品;二是市场已有,但本企业新近投产上市的新产品。

二、单项选择题

1. B 2. A 3.C 4. D 5. B 6. A 7. B 8. A 9. B 10. B 11. B 12. C 13.A 14. A 15. C 16. D 17. B 18.A 19.C 20. A

三、多项选择题

1. ABD 2. AD 3. ABC 4. BCD 5. ABC 6. AB 7. CD 8. ABCD 9. BD 10. ABCD 11. ABC 12. CD 13. ACD 14. AB 15. ABC

四、判断改错题

1. × 2. × 3. × 4. √ 5. √ 6. × 7. √ 8. × 9. × 10. √ 11. × 12. × 13. √ 14. × 15. ×

五、简答题

1. 收入是指企业在日常活动中形成的、会导致所有者权益增加的、与所有者投入资本无关的经济利益的总流入。在生产经营活动中,许多因素影响着销售收入的实现,通常在销售收入管理中主要考虑以下几项影响因素:价格与销售量、销售折扣、销售折让、销售退回。

2. 预测销售收入的方法有两种:一类是定性预测,一类是定量预测。定性预测的主要方法是市场调查分析法。在实际工作中,常用的定量预测法有趋势预测法和量本利预测法。

3. 定量预测是根据历史销售资料和市场调查信息,运用一定的数学模型来预测未来的销售收入。在实际工作中,常用的定量预测法有趋势预测法和量本利预测法。趋势预测法是根据历史资料,对未来时期的市场销售态势进行预计的一种量化分析方法。量本利预测法是指按照成本性态将成本划分为固定成本和变动成本,在此基础上,根据销售量、成本和利润三者之间的内在联系进行分析,在已知产品成本水平的情况下,根据企业目标利润的要求,预测商品销售量及销售额。

4. 趋势预测法是根据历史资料,对未来时期的市场销售态势进行预计的一种量化分析方法。主要有以下几种具体方法:简单平均法、移动平均法、加权移动平均法、指数平滑法。

(1)简单平均法,也称算术平均法,是求出过去几个经营时期销售数量的算术平均值,以此作为未来销售数量的预测数。

(2)移动平均法,类似于简单平均法,但这种方法尽可能选择最近几期的数据,滚动地预测以后几个月的销售额,这样会在一定程度上减少误差。

(3)加权移动平均法,是在移动平均法的基础上,根据销售变化趋势给各期规定不同的权数,确定了各期权数后,滚动式地预测出以后各期销售额,然后求出加权后的各期平均数。

5. 销售收入管理是企业财务管理的一个重要方面,它关系到企业的生存和发展。加强销售收入管理对企业具有重要的意义:(1)及时取得销售收入是补偿耗费、持续经营的基本前提。(2)及时取得销售收入,是加速资金周转、提高资金利用效果的重要环节。(3)及时取得销售收入,是实现利润、分配利润的必要条件。

6. 营业收入与营业外收入的不同之处在于:营业收入是与企业的经营活动直接相关的,它的发生具有经常性且可合理预测;营业外收入则与企业正常的生产经营活动没有直接关系,它的发生具有偶然性且难以预计。

7. 保本销售额预测法,又称盈亏平衡点销售额的预测。保本销售额是指企业的产品销售利润为零,即处于不亏本不盈利状态下的销售额。确定盈亏平衡点,是进行量本利分析的关键。盈亏平衡点也称保本点,它是区分盈利和亏损的分界点,是衡量企业盈亏的一个标准,在这点上销售利润等于零,即销售收入总额与成本总额相等。

8. 企业的经营目的是为了盈利,保利销售额是指完成预计目标利润需要达到的销售额。目标利润是在销售单价和成本水平既定的情况下预计达到的目标。

9. 企业常用的定价方法:标准产品定价常用成本加成定价法,新产品定价可以采用“撇油性”定价或“渗透性”定价两种定价方法。

10. 这里的“特殊情况”是指企业尚有剩余生产能力未被充分利用，或遇到强劲的竞争对手等情况。在这些情况下，通常的做法是，可按贡献方式确定价格。其基本的思路：以单位变动成本为最低标准或基础价格，只要所确定价格不低于或高于该基础价格，也即只要有边际贡献（销售收入−变动成本>0）能用于补偿固定成本或形成利润，该价格即为可行。

六、计算分析题

1. (1) $\frac{450+540+690+750+840}{5}=654$（万元）

(2) $\frac{450\times0.1+540\times0.2+690\times0.3+750\times0.4+840\times0.5}{0.1+0.2+0.3+0.4+0.5}=720$（万元）

2.

月份	实际销售收入	Σ(月实际销售额×权数)	销售收入
1	323		
2	325		
3	321		
4	327	3244	324.4
5	326	3252	325.2
6	326	3257	325.7
7	339	3313	331.3

3. 销售量 $=\frac{3\ 000\ 000+2\ 000\ 000}{750\times(1-5\%)-450}=19\ 048$（件）

销售收入 $=19\ 048\times750=14\ 286\ 000$（元）

4. 盈亏平衡点的销售量 $=\frac{600\ 000}{345-180}=3636$（件）

盈亏平衡点的销售额 $=3636\times345=1\ 254\ 420$（元）

目标利润销售量 $=\frac{500\ 000+600\ 000}{345-180}=6667$（件）

目标利润销售额 $=6667\times345=2\ 300\ 115$（元）

5. 售价 $=\frac{450}{1-(7\%+25\%)}=661.77$（元）

第七章

一、名词解释

1. 利润是指企业在一定时期内的经营成果,综合反映了一定期间的经营业绩和获利能力。

2. 营业利润是企业在一定期间内从事日常生产经营活动所获取的利润,是企业利润的主要来源。

3. 利润总额是指企业在一定期间所实现的全部利润总数,也称“税前利润”。

4. 净利润是指在利润总额中按规定交纳了所得税以后公司的利润留存,一般也称为税后利润。

5. 剩余股利政策就是在公司有着良好的投资机会时,根据一定的目标资本结构(最佳资本结构),测算出投资所需的权益资本,先从盈余当中留用,然后将剩余的盈余作为股利予以分配。

6. 固定或持续增长股利政策是指将每年发放的股利固定在某一相对稳定的水平上并在较长的时期内不变,只有当公司认为未来盈余会显著地、不可逆转地增长时,才提高年度的股利发放额。

7. 固定股利支付率政策是公司确定一个股利占盈余的比率,长期按此比率支付股利的政策。

8. 低正常股利加额外股利政策是公司一般情况下每年只支付固定的、数额较低的股利,在盈余多的年份,再根据实际情况向股东发放额外股利。

二、单项选择题

1. D　2. B　3. B　4. C　5. C　6. B　7. C　8. D　9. B　10. B　11. B　12. B　13. C　14. A　15. C　16. B　17. C　18. B　19. B

三、多项选择题

1. ABD　2. AD　3. ABC　4. ABCD　5. ABC　6. ABCD　7. BCD　8. ABCD　9. ABC　10. ABCD　11. ABCD　12. AB　13. CD　14. ABC　15. ABCD

四、判断改错题

1. ×　2. ×　3. ×　4. √　5. ×　6. ×　7. √　8. ×　9. √　10. ×　11. √　12. ×　13. ×　14. ×　15. √　16. √

五、简述题

1. 营业利润=营业收入-营业成本-营业税金及附加-销售费用-管理费用-财务费用
-资产减值损失+公允价值变动收益+投资收益

2. 利润分配的程序:(1)计算可供分配的利润;(2)提取法定盈余公积金;(3)提取任意盈余公积金;(4)向股东(投资者)支付股利(分配利润)。

3. 目标利润 =销售量×(销售单价-单位变动成本)-固定成本

4. 股利分配政策:(1)剩余股利政策;(2)固定或持续增长股利政策;(3)固定股利支付率政策;(4)低正常股利加额外股利政策。

5. 常见的股利支付方式：现金股利、财产股利、负债股利、股票股利。

6. 企业利润包括：营业利润、利润总额、净利润。

六、计算分析题

1. 目标利润 =销售量×(销售单价-单位变动成本)-固定成本

=4000×(950-420)-520 000

=1 600 000(元)

2. $盈亏平衡点销售量=\frac{固定成本}{销售单价-单位变动成本}$

$=\frac{15\ 200}{540-236}=50(件)$

盈亏平衡点销售额=盈亏平衡点销售量×销售单价

=50×540=27 000(元)

3. $盈亏平衡点销售量=\frac{固定成本}{销售单价-单位变动成本}=\frac{39\ 000}{18-15}=13\ 000(件)$

4. 目标利润=预计销售收入×计划期销售利润率=5000×20%=1000(万元)

5. 投资方案中所需的权益资本=1000×60%=600(万元)

当年可用于发放的股利额=900-600=300(万元)

每股股利=300÷300=1(元)

第八章

一、名词解释

1. 财务预算是对企业未来一段时间的资金运作所做的各种打算和安排。

2. 固定预算又称静态预算，是以预算期内正常的、可能实现的某一业务量(如生产量、销售量)水平为固定基础，不考虑可能发生的变动因素而编制预算的方法。

3. 弹性预算也称变动预算，是指以预算期间可能发生的多种业务量水平为基础，根据量、本、利之间的依存关系，编制出一套适应多种业务量的费用预算。

4. 增量预算又称调整预算方法，是指以基期成本费用水平为基础，结合预算期业务量水平及有关影响成本因素的未来变动情况，通过调整有关原有费用项目而编制预算的一种方法。

5. 零基预算是指在编制预算时对所有的预算支出，均以零为基数，不考虑以前的执行情况，从根本上研究分析每项预算是否有支出的必要和支出数额的大小。

6. 滚动预算又称连续预算，是指在编制预算时，将预算期与会计年度脱离开，随着预算的执行不断延伸补充预算，逐期向后滚动，使预算期始终保持为一个固定期间的一种预算编制方法。

7. 定期预算是指在编制预算时，以不变的会计期间作为预算期的一种编制预算的方法。

8. 销售预算是根据企业年度的销售预测而确定的预计销售量、销售单价和销售收入等参数编制的，用于规划预算期销售活动的一种业务预算。

9. 生产预算是为规划预算期生产数量而编制的一种业务预算，它是在销售预算的基础上编制的。

10. 直接人工预算是一种反映预算期内人工工时消耗水平，计划人工成本开支的业务预算。

二、单项选择题

1. D 2. C 3. A 4. C 5. B 6. C 7. B 8. B 9. B 10. B 11. B 12. D 13. D 14. B 15. A 16. D 17. C 18. A 19. B 20. B 21. A

三、多项选择题

1. CD 2. ABC 3. ABCD 4. ABCD 5. ABC 6. ABC 7. ABCD 8. ABCD 9. ACD 10. AB 11. AB 12. ABCD 13. ABD 14. BC 15. AB

四、判断改错题

1. √ 2. × 3. × 4. × 5. × 6. × 7. × 8. × 9. √ 10. √ 11. √ 12. × 13. √ 14. × 15. ×

五、简答题

1. 财务预算是企业在计划期内反映有关预计现金收支、财务状况和经营成果的预算。其作用是：(1)财务预算使决策目标具体化、系统化和定量化；(2)财务预算有助于财务目标的顺利实现；(3)财务预算是总预算。

财务预算是对企业未来一段时间的资金运作所做的各种打算和安排。财务预算是企业全面预算体系中的组成部分，它在全面预算体系中有着重要作用，包括：(1)明确财务目标；(2)控制财务活动；(3)协调财务关系；(4)考核业绩标准。

2. 预算的编制方法有：固定预算、弹性预算、增量预算、零基预算、定期预算、滚动预算。

3. 财务预算的组成内容：(1)现金预算；(2)财务费用预算；(3)预计利润表；(4)预计利润分配表；(5)预计资产负债表；(6)预计现金流量表。

4. 全面预算是关于企业在一定的时期内各项业务活动、财务表现等方面的总体预测。包括销售预算、生产预算、材料采购预算、直接人工预算、制造费用、销售及管理费用预算、现金预算。

5. 现金预算是反映预计现金收入与现金支出所编制的预算。现金预算由现金收入、现金支出、现金余缺、现金投放与筹措四部分构成。现金收入-现金支出+现金筹措=期末现金余额。当现金余缺大于期末现金余额时，应将超过期数余额以上的多余现金进行投资；当现金余缺小于期末现金余额时，应筹措现金，直到现金总额达到要求的期末现金余额。四个部分之间应该满足如下关系：现金收入-现金支出+现金筹措（现金不足时）=期末现金余额，或，现金收入-现金支出-现金投放(现金多余时)=期末现金余额。

六、计算分析题

1.(1)

季度	1	2	3	4	全年
销售数量(件)	1000	1500	2000	1800	6300
销售单价(元/件)	100	100	100	100	100
销售收入(元)	100 000	150 000	200 000	180 000	630 000

上年末应收账款	62 000				62 000
第一季度	60 000	40 000			100 000
第二季度		90 000	60 000		150 000
第三季度			120 000	80 000	200 000
第四季度				108 000	108 000
现金流入合计	122 000	130 000	180 000	188 000	620 000

(2)2010年末应收账款=180 000×(1−60%)=72 000(元)

2.

项目	预算金额
销售收入	1 500 000
销售成本	1350 000
直接材料	600 000
直接人工	450 000
制造费用	300 000
销售利润	150 000

3.

销售量(件)	5000	6000	7000	8000	9000	10000
销售收入(元)	500 000	600 000	700 000	800 000	900 000	1000 000
固定成本(元)	90 000	90 000	90 000	90 000	90 000	90 000
变动成本(元)	375 000	450 000	525 000	600 000	675 000	750 000
利润(元)	35 000	60 000	85 000	110 000	135 000	160 000

4. A=150+5000−650=4500　　B=650−450=200

C=200+5200−5350=50　　D=50+100=150

E=6000−650−150=5200　　F=−650+900=250

G=250+4500−4000=750　　H=750−200=550

5.

项目	甲	乙
预计销售量(件)	800	500
预计期末存货量(件)	120	130
预计需要量(件)	920	630
期初存货量(件)	80	50
预计生产量(件)	840	580

第九章

一、名词解释

1. 财务分析是指以企业的财务报表和其他相关资料为基础，采用一系列专门的指标，对企业的财务状况和经营成果进行评价和剖析,以反映企业在经营过程中的利弊得失、财务状况及发展趋势,为改进企业财务管理工作和优化经济决策提供重要的财务信息。

2. 流动比率是企业流动资产与流动负债的比率,是衡量企业短期偿债能力的重要比率。

3. 速动比率是企业速动资产与流动负债的比率,是衡量企业短期偿债能力的重要比率。

4. 资产负债率是指企业负债总额对资产总额的比率。该指标从总体上反映企业全部资产对偿还负债的保证程度。

5. 净资产收益率是企业净利润与所有者权益的比率。它是一个评价企业资本运营效益的核心指标，反映了企业自有资本获取收益的能力。

二、单项选择题

1. A 2. C 3. D 4. A 5. C 6. B 7. C 8. A 9. B 10. A 11. C 12. B 13. B 14. C 15. C 16. C 17. D 18. B 19. B

三、多项选择题

1. ABD 2. ACE 3. ABD 4. ABCD 5. ACD 6. BD 7. AB 8. BD 9. ABCD 10. AC 11. ACD

四、判断改错题

1. √ 2. √ 3. √ 4. √ 5. √ 6. √ 7. √ 8. × 9. × 10. √ 11. √ 12. ×

五、简答题

1. 财务分析是指以企业的财务报表和其他相关资料为基础，采用一系列专门的指标，对企业的财务状况和经营成果进行评价和剖析，以反映企业在经营过程中的利弊得失、财务状况及发展趋势，为改进企业财务管理工作和优化经济决策提供重要的财务信息。财务分析是企业财务管理的重要环节，既是对已完成财务活动的总结，也是进行财务预测和开展日常管理的前提。

2. 财务分析既是对已完成的财务活动的总结，又是财务预测的前提，在财务管理的循环中起着承上启下的作用。做好财务分析工作具有重要意义：(1)财务分析是评价财务状况及经营业绩的重要方法。通过财务分析，可以了解企业偿债能力、营运能力和盈利能力，划清经济责任，合理评价经营者的经营业绩，奖优罚劣，促进管理水平提高。(2)财务分析是实现理财目标的重要手段。企业理财的根本目标是实现企业价值最大化。通过财务分析，挖掘潜力、揭露矛盾、找出差距，促进企业经营活动按照企业价值最大化的目标进行。(3)财务分析是实施正确投资决策的重要步骤。通过财务分析，投资者可以了解企业获利能力、偿债能力，从而进一步预测投资后的收益水平和风险程度，以做出正确的投资决策。

3. 开展财务分析，需要运用一定的方法。财务分析的主要方法有比较分析法、比率分析法、趋势分析法和因素分析法等。

(1) 比较分析法。是指将具有相同性质且又可以相互比较的经济指标进行数量上的比较计算，从而揭示各经济指标间的数量关系和数量差异。比较是分析的基础，也是分析的最基本方法。比较法有以下三种形式：①实际指标同计划(或定额)指标比较。②本期指标同上期指标或历史最好水平比较。③本企业指标同其他企业指标比较。运用比较分析法进行比较分析时，要比较两种指标数值：一是绝对数值指标比较，说明数额差异，借以了解全额变动情况；二是相对数值指标比较，说明百分率差异，借以了解变动程度。

(2)比率分析法。是指将性质不同，但在企业生产经营过程中又存在相互依存、相互联系的财务指标进行数量上的比较，计算其比率的方法。①结构比率。是将总体中某一部分的指标数值与总体的全部数值对比，用以反映部分与总体的数量关系的指标。②效率比率。是某项财务活动中所费与所得的比率，反映经济活动投入与产出的关系。③相关比率。是将总体内某一性质的指标数值与另一相关但性质不同的指标数值对比计算求得的指标，用以反映两者之间经济上所存在的数量依存关系。

(3)趋势分析法。是指将某一财务指标在不同时期的数量表现,按照一定的方式进行比较,计算出比率的方法。趋势分析法可以揭示企业财务状况和经营成果的变化趋势,预测企业未来的发展前景。进行趋势分析的比较方法有定基比较与环比比较等。

(4) 因素分析法。是指先找到影响被分析指标且存在一定数量关系的若干因素,然后逐一分析每一因素对被分析指标影响情况的方法。因素分析法有连环替代法和差额计算分析法。

4. 进行财务分析所依据的是公开的财务报告以及可能利用的会计核算资料。财务分析标准是财务分析过程中据以评价分析对象的基准。通常,科学合理的对比标准有目标标准、历史标准、行业标准。

5. 流动比率、速动比率、现金比率均为短期偿债能力分析指标。这三个指标都已流动负债作为分母,分子则在流动资产的基础上加以变化,逐步扣除变现能力差的一些流动资产,在反映偿债能力上,现金比率优于速动比率,速动比率优于流动比率。

六、计算分析题

1. (1)营运资本=流动资产-流动负债

= (82+16-8-1.8)-(82÷1.7+8+4.6-1.8)

= 88.2-59

= 29.2(万元)

(2)流动比率=88.2÷59=1.49

(3)流动比率下降的原因是流动负债增长的速度超过了流动资产增长的速度。

2. 由于(1)年末速动比率$=\frac{速动资产}{流动负债}=\frac{应收账款+现金资产}{流动负债}=1.2$

(2) 年末现金比率$=\frac{现金资产}{流动负债}=0.7$

因此:$\frac{应收账款}{流动负债}=0.5$

流动负债=400÷0.5=800(万元)

速动资产=800×1.2=960(万元)

3. (1)2011年应收账款周转率=11 340÷600=18.9

2011年应收账款周转天数=360÷18.9=19.05

2012年应收账款周转率=14 454÷684=21.1

2012年应收账款周转天数=360÷21.1=17.06

(2)2011年存货周转率=7200÷900=8

2011年存货周转天数=360÷8=45

2012年存货周转率=8640÷929=9.3

2012年存货周转天数=360÷9.3=38.7

(3)2012年与2011年相比,应收账款周转速度与存货周转速度都有一定提高,说明该公司应收账款与存货的营运能力增强。

4. (1)2011年利息保障倍数=(8620+5200)÷5200=2.66

2011年利息保障倍数=(9780+5200)÷5200=2.88

(2)2012年与2011年相比,该公司长期偿债能力增强。

5. (1)2011年销售利润率=540÷3600×100%=15%

2012年销售利润率=654÷3740×100%=17.49%

(2)2011年总资产报酬率=(540+60)÷8620×100%=6.96%

2012年总资产报酬率=(654+85)÷9780×100%=7.56%

(3)2011年净资产收益率=310÷5200×100%=5.96%

2012年净资产收益率=370÷5200×100%=7.12%

(4)2012年与2011年相比,该公司盈利能力增强。

综合自测题一

一、名词解释

1. 企业的资金运动不是简单的价值数额运动,它的背后包含着复杂的经济关系,资金运动所体现的各种关系,称为财务关系。

2. 企业财务管理是组织资金运动、处理财务关系的一项综合性的经济管理工作。是企业管理的重要组成部分。

3. 在企业的生产经营活动中,流动资金是从货币形态开始运动的,经过储备资金、生产资金、产品资金依次转换后,最后又回到货币形态,但是这个货币形态是增大了的货币形态。这就是企业资金运动。

4. 资金时间价值是指一定量的资金在不同时点上的价值量差额。

5. 风险是对企业的目标产生负面影响的事件发生的可能性。

6. 资产收益是指资产的价值在一定时期的增值。

7. 权益性筹资是企业依法筹集并长期拥有,可以自主支配使用的资金。它主要包括实收资本、资本公积、盈余公积和未分配利润。

8. 债权性筹资是指企业依法筹措并依约使用、按期偿还的资金。它主要包括银行或非银行金融机构的各种借款、应付债券、应付票据等。

9. 销售百分比法是根据销售额指标与资产负债表有关项目之间的比例关系,预测资金需要量和追加筹资额的方法。

10. 流动资产是指可以在一年或者超过一年的一个营业周期内变现或耗用的资产,主要包括现金、银行存款、短期投资、应收及预付款项、存货、待摊费用等资产。

11. 现金折扣是企业对顾客在商品价格上所做的扣减。

12. 存货经济批量是指通过合理的进货批量和进货时间, 使存货的储存成本和订货成本总和达到最低时的采购批量。

13. 投资是指将财力投放于一定的对象, 以期望在未来获取收益或某种权利的经济行为。

14. 项目投资,是以特定项目为对象,直接新建或更新改造项目的长期投资行为。

15. 净现值法是借助净现值指标对投资方案进行评价分析的一种方法。净现值是指将投资项目投入使用后的现金净流量，以资金成本或企业要求达到的最低报酬率为折现率折算为现值，再减去初始投资后的余额。

16. 销售折扣是指企业根据客户的订货数量和付款时间而给予的折扣或给予客户的价格优惠。

17. 销售折让是企业向客户交付商品后，因商品的品种、规格或质量等不符合合同的规定，经企业与客户协商，客户同意接受商品，而企业在价格上给予一定比例的减让。

18. 销售退回是指在产品已经销售，销售收入已经实现以后，由于购货方对收到货物的品种或质量不满意等原因而向企业退货，企业向购货方退回货款。

19. 量本利预测法是指按照成本性态将成本划分为固定成本和变动成本，在此基础上，根据销售量、成本和利润三者之间的内在联系进行分析，在已知产品成本水平的情况下，根据企业目标利润的要求，预测商品销售量及销售额。

20. 定量预测是根据历史销售资料和市场调查信息，运用一定的数学模型来预测未来的销售收入。

21. 财务预算是对企业未来一段时间的资金运作所做的各种打算和安排。

22. 财务分析是指以企业的财务报表和其他相关资料为基础，采用一系列专门的指标，对企业的财务状况和经营成果进行评价和剖析，以反映企业在经营过程中的利弊得失、财务状况及发展趋势，为改进企业财务管理工作和优化经济决策提供重要的财务信息。

23. 净资产收益率是企业净利润与所有者权益的比率。它是一个评价企业资本运营效益的核心指标，反映了企业自有资本获取收益的能力。

二、单项选择题

1. D　2. A　3. B　4. A　5. B　6. D　7. B　8. C　9. C　10. B　11. B　12. B　13. A　14. B　15. D　16. B　17. A　18. C　19. B　20. A　21. A　22. A　23. C

三、多项选择题

1. ABC　2. ACE　3. ABCD　4. AD　5. ABD　6. ABCD　7. ABCD　8. AC　9. ACD　10. ABC　11. AB　12. ABD　13. ABCD　14. CD　15. ABD　16. ACD　17. ACD　18. AB　19. ABCD　20. ABCD　21. ABC　22. BD　23. ACD

四、判断改错题

1. √　2. ×　3. √　4. ×　5. √　6. ×　7. √　8. √　9. √　10. √　11. √　12. ×　13. ×　14. ×　15. ×　16. ×　17. √　18. ×　19. √　20. ×　21. √　22. ×　23. √

五、简述题

1. 企业财务管理的主要内容：筹资管理；投资管理；利润及分配管理。

2. 企业财务管理的目标又称理财目标，是指企业进行财务活动所要达到的根本目的。对现代企业来说，企业生存并发展的主要目标就是企业价值的最大化，从财务角度来看，实现企业价值的最大化就是财务管理的目标。

3. 影响理财环境的因素：经济环境、法律环境和金融环境。

4. 资金时间价值是指一定量的资金在不同时点上的价值量差额。即使不考虑通货膨胀因素，资金在不同时点上的价值也不一样。比如现在的一元钱和一年以后的一元钱是不相等的。某人现在将100元存入银行,年利率为10%,一年以后他将连本带利取出110元。110元中的10元是银行使用100元的资金而付给投资者的报酬。这种报酬就是资金的时间价值,即资金在周转过程中随着时间推移而发生的价值增值。

5. 风险偏好的类型:(1)风险回避者。当预期收益率相同时,风险回避者都会偏好于具有低风险的资产;而对于同样风险的资产,他们则都会钟情于具有高预期收益的资产。但当面临以下这样两种资产时,他们的选择就要取决于他们对待风险的不同的态度:一项资产具有较高的预期收益率同时也具有较高的风险,而另一项资产虽然预期收益率低,但风险水平也低。(2)风险追求者。与风险回避者恰恰相反,风险追求者主动追求风险,喜欢收益的动荡胜于喜欢收益的稳定。他们选择资产的原则是:当预期收益相同时,选择风险大的,因为这会给他们带来更大的效用。(3)风险中立者。风险中立者既不回避风险,也不主动追求风险。他们选择资产的唯一标准是预期收益的大小,而不管风险状况如何,这是因为所有预期收益相同的资产将给他们带来同样的效用。

6. 资产收益率的类型:(1)名义收益率。仅指在资产合约上标明的收益率。(2)实际收益率。表示已经实现或者确定可以实现的资产收益率,表述为已实现或确定可以实现的利息(股息)率与资本利得收益率之和。(3)预期收益率。也称为期望收益率,是指在不确定的条件下,预测的某资产未来可能实现的收益率。(4)无风险收益率。也称无风险利率,它是指可以确定可知的无风险资产的收益率,它的大小由纯粹利率(资金的时间价值)和通货膨胀补贴两部分组成。(5)风险收益率。是指某资产持有者因承担该资产的风险而要求的超过无风险利率的额外收益。风险收益率衡量了投资者将资金从无风险资产转移到风险资产而要求得到的"额外补偿"。(6)必要收益率。也称最低必要报酬率或最低要求的收益率,表示投资者对某资产合理要求的最低收益率。必要收益率由无风险收益率和风险收益率组成。

7. 企业筹资方式是企业筹措资金所采用的具体形式。目前,我国企业筹资方式有七种:吸收直接投资、发行股票、利用留存收益、向银行借款、利用商业信用、发行公司债券、融资租赁。

8. 企业资金需要量的预测可以采用定性预测法和定量预测法。(1)定性预测法是利用直观的资料,依靠个人的经验和主观分析、判断能力,对未来资金需求量做出预测的方法。这种方法简单直接,在缺乏资料和因素复杂的情况下行之有效。但它预测结果的准确性较差,一般只作为预测的辅助方法。(2)定量预测法是分局比较完备的财务数据资料,采用数学模型对未来资金需要量做出预测的方法。常用的定量预测法有销售百分比法和因素分析法。

9. 按资产的占用形态,流动资产可以分为以下几种:(1)现金。是指可以立即用来购买物品、支付各项费用或用来偿还债务的交换媒介或支付手段。主要包括库存现金和银行活期存款,有时也将短期或到期的票据看作现金。(2)短期投资。是指各种准备随时变现并且持有时间不准备超过一年(含一年)的投资。包括股票、债券、基金等,其中主要是指有价证券投资。(3)应收及预付账款。是指企业发生的各种债权,包括应收票据、应收账款、其他应收款和预付货款。(4)存货。是指企业持有的各种材料、商品、在产品、半成品、产成品等。

10. 企业应收账款的功能:(1)促进销售;(2)减少存货。应收账款的成本:(1)机会成本。是指企业资金因投放于应收账款而放弃的其他收入。(2)管理成本。是指企业对应收账款进行日常管理所耗费的各种费用。(3)坏账成本。是指应收账款因故不能收回而给企业带来的损失。

11. 企业存货的功能:(1)防止停工待料;(2)适应市场变化;(3)降低进货成本;(4)维持均衡生产。存货的成本:(1)取得成本。是指存货的进货成本,主要由存货进价和进货费用两个方面构成。(2)储存成本。是指企业为持有存货而发生的费用。(3)缺货成本。是指因存货不足而给企业造成的损失。

12. 企业投资可以有以下几种分类:(1)按投资期限分为短期投资和长期投资;(2)按投入的领域分为生产性投资和非生产性投资;(3)按投资方向分为对内投资和对外投资。

13. 项目投资决策的方法有投资回收期法和净现值法。

14. 销售收入管理是企业财务管理的一个重要方面,它关系到企业的生存和发展。加强销售收入管理对企业具有重要的意义:(1)及时取得销售收入是补偿耗费、持续经营的基本前提。(2)及时取得销售收入,是加速资金周转、提高资金利用效果的重要环节。(3)及时取得销售收入,是实现利润、分配利润的必要条件。

15. 营业利润=营业收入-营业成本-营业税金及附加-销售费用-管理费用-财务费用-资产减值损失+公允价值变动收益+投资收益

16. 财务预算是对企业未来一段时间的资金运作所做的各种打算和安排。财务预算是企业全面预算体系中的组成部分,它在全面预算体系中有着重要作用,包括:(1)明确财务目标;(2)控制财务活动;(3)协调财务关系;(4)考核业绩标准。

17. 现金预算是反映预计现金收入与现金支出所编制的预算。现金预算由现金收入、现金支出、现金余缺、现金投放与筹措四部分构成。现金收入-现金支出+现金筹措=期末现金余额。当现金余缺大于期末现金余额时,应将超过期数余额以上的多余现金进行投资;当现金余缺小于期末现金余额时,应筹措现金,直到现金总额达到要求的期末现金余额。四个部分之间应该满足如下关系:现金收入-现金支出+现金筹措 (现金不足时)=期末现金余额,或,现金收入-现金支出-现金投放(现金多余时)=期末现金余额。

18. 财务分析既是对已完成的财务活动的总结,又是财务预测的前提,在财务管理的循环中起着承上启下的作用。做好财务分析工作具有重要意义:(1)财务分析是评价财务状况及经营业绩的重要方法。通过财务分析,可以了解企业偿债能力、营运能力和盈利能力,划清经济责任,合理评价经营者的经营业绩,奖优罚劣,促进管理水平提高。(2)财务分析是实现理财目标的重要手段。企业理财的根本目标是实现企业价值最大化。通过财务分析,挖掘潜力、揭露矛盾、找出差距,促进企业经营活动按照企业价值最大化的目标进行。(3)财务分析是实施正确投资决策的重要步骤。通过财务分析,投资者可以了解企业获利能力、偿债能力,从而进一步预测投资后的收益水平和风险程度,以做出正确的投资决策。

19. 流动比率、速动比率、现金比率均为短期偿债能力分析指标。这三个指标都已流动负债作为分母,分子则在流动资产的基础上加以变化,逐步扣除变现能力差的一些流动资产,在反映偿债能力上,现金比率优于速动比率,速动比率优于流动比率。

六、计算分析题

1. (1)$F=P\times(1+i\times n)=30\ 000\times(1+5\%\times3)=34\ 500$(元)

(2)34 500−30 000=4500(元)

2. (1)$F=P\times(F/P,\ i,n)=60\ 000\times(F/P,6\%,2)=60\ 000\times1.1236=\ 67\ 416$(元)

(2)67 416−60 000=7416(元)

3. $F=A\times(F/A,i,n)=30\ 000\times(F/A,5\%,5)=300\ 00\times5.5256=165\ 768$(元)

4. A方案加权平均资本成本=47.5%×15%+2.5%×12%+20%×7%+30%×6%=10.625%

B方案加权平均资本成本=35%×15%+15%×8%+50%×6.5%=9.7%

因为A方案的加权平均资本成本大于B方案的加权平均资本成本，所以B方案为最佳资本结构。

5. $$Q=\sqrt{\frac{2\times\text{计划年度现金总需求量}\times\text{证券每次转换费用}}{\text{证券利息率}}}=\sqrt{\frac{2TF}{K}}$$

$$=\sqrt{\frac{2\times400\ 000\times40}{8\%}}=20\ 000\ (\text{元})$$

6. (1)

项目	各种批量					
订货批数(批)	1	2	3	4	5	6
订货批量(件)	4800	2400	1600	1200	960	800
年储存成本(元)	7200	3600	2400	1800	1440	1200
年订货成本(元)	800	1600	2400	3200	4000	4800
年总成本合计(元)	8000	5200	4800	5000	5440	6000

订货批量为1600件时,年总成本最低,所以该公司的最佳经济订货批量为1600件。

(2)$$\text{经济进货批量}=\sqrt{\frac{2\times\text{计划年度存货总需求量}\times\text{平均每次订货费用}}{\text{单位年储存成本}}}=\sqrt{\frac{2AB}{C}}$$

$$=\sqrt{\frac{2\times4800\times800}{3}}=1600(\text{件})$$

7. (1)固定资产年折旧额:(120−20)÷5 =20(万元)

第0年现金净流量:−120−40=−160(万元)

第1年现金净流量:160−80−(160−80−20)×40% =56(万元)

第2年到第4年现金净流量:160−90−(160−90−20)×40% =50(万元)

第5年现金净流量:50+20+40 =110(万元)

(2)56×0.8929+50×0.7972+50×0.7118+50×0.6355+110×0.5674−160=59.64(万元)

8. 销售量=400 000÷(98−60)=10 526(件)

销售额=10 526×98=1 031 548(元)

9.

项目	预算金额
销售收入	1 500 000
销售成本	1350 000
直接材料	600 000
直接人工	450 000
制造费用	300 000
销售利润	150 000

10. 流动比率=400÷160=2.5

速动比率=(400−4−260)÷160=0.85

现金比率=56÷160=0.35

资产负债率=$\frac{负债}{资产}\times100\%=\frac{300}{625}\times100\%=48\%$

产权比率=$\frac{负债}{净资产}\times100\%=\frac{300}{625-300}\times100\%=92.31\%$

综合自测题二

一、名词解释

1. 财务预测是指在经过充分的调查、研究和分析的基础上,运用一定的方法对未来时期财务活动所作的分析和估算工作。

2. 财务决策是指在财务目标的总体要求下,运用专门的方法从各种备选方案中选出最佳方案。

3. 终值,又称将来值,是现在一定量的资金折算到未来某一时点所对应的金额,俗称“本利和”。

4. 现值,是指未来某一时点上的一定量资金折算到现在所对应的金额,俗称“本金”。

5. 年金,是指一定时期内每期等额收付的系列款项。

6. 因素分析法又称分析调整法,是以有关资本项目上年度的实际平均需要量为基础,根据预测年度的生产经营任务和加速资本周转的要求,进行分析调整,来预测资本需要量的一种方法。

7. 敏感性项目就是指假定的与销售额存在固定比例关系的资产、负债项目,包括现金、应收账款、存货、预付费用、应付票据、应付账款、应付费用等。它们一般会随销售额的增减而变动。

8. 综合资金成本是指企业全部长期资本的总成本,通常是以各种资本占全部资本的比重为权数,对个别资本成本进行加权平均确定的,故亦称加权平均资本成本。

9. 现金折扣是企业对顾客在商品价格上所做的扣减。

10. 存货是指企业在日常生产经营过程中持有以备出售,或者仍然处在生产过程,或者在生产或提供劳务过程中将消耗的材料或物料等。存货主要包括各类材料、商品、在产品、半成品、产成品等。

11. 信用标准是指客户获得企业的商业信用所应具备的最低条件。

12. 股票投资,是通过认购股票成为股票发行公司的股东,并获得股利或差价收益,如果持有到一定比例还可以具有控制权的投资行为。

13. 债券投资就是企业将资金用于购买其他企业发行的债券并获取利息的行为。

14. 投资回收期是根据回收初始投资额所需要的时间的长短来判定投资方案是否可行的一种方法。

15. 销售收入预测是指根据市场需求及其变化情况, 对未来一定时期的产品销售量和相应的销售收入做出预计。销售收入预测是为了预计未来时期的收入情况,以便更好地组织下一期的生产经营活动。预测营业收入的方法有两种:一类是定性预测,一类是定量预测。定性预测的主要方法是市场调查分析法。在实际工作中,常用的定量预测法有趋势预测法和量本利预测法。

16. 保本销售额是指企业的产品销售利润为零,即处于不亏本不盈利状态下的销售额。

17. 盈亏平衡点也称保本点,它是区分盈利和亏损的分界点,是衡量企业盈亏的一个标准。在这点上销售利润等于零,即销售收入总额与成本总额相等。

18. 定性预测是根据市场调查得到的信息资料,结合以往的经验,推测和预计未来的销售收入。

19. 现金预算是反映预计现金收入与现金支出所编制的预算。现金预算由现金收入、现金支出、现金余缺、现金投放与筹措四部分构成。

20. 速动比率是企业速动资产与流动负债的比率。

二、单项选择题

1. A 2. A 3. D 4. D 5. A 6. D 7. D 8. D 9. C 10. B 11. A 12. B 13. B 14. A 15. B 16. A 17. B 18. D 19. D 20. D

三、多项选择题

1. ABCDE 2. ABCD 3. AC 4. BD 5. ABCD 6. ABD 7. ABC 8. AB 9. CD 10. ABD 11. ABD 12. AD 13. AB 14. ABC 15. BD 16. ABCD 17. AD 18. BC 19. ABC 20. BC

四、判断改错题

1. √ 2. √ 3. √ 4. × 5. × 6. × 7. × 8. √ 9. × 10. √ 11. √ 12. × 13. × 14. √ 15. √ 16. √ 17. ×

五、简述题

1. 财务管理包括财务预测、财务决策、财务计划、财务控制、财务评价五个基本环节。

2. 企业主要财务关系:企业与投资者和受资者之间的财务关系;企业与债权人、债务人之间的财务关系；企业与政府之间的财务关系；企业内部各单位之间的财务关系；企业与职工之间的财务关系；企业相互之间的财务关系。

3. 风险控制的对策：(1)规避风险。当资产风险所造成的损失不能由该资产可能获得的收益予以抵消时，应当放弃该资产，以规避风险。例如，拒绝与不守信用的厂商业务往来；放弃可能明显导致亏损的投资项目。(2)减少风险。减少风险主要是指两个方面，一是控制风险因素，减少风险的发生；二是控制风险发生的频率和降低风险损害程度。减少风险的常用方法有：进行准确的预测；对决策进行多方案优选和替代；及时与政府部门沟通获取政策信息；在发展新产品前，充分进行市场调研；采用多领域、多地域、多项目、多品种的经营或投资以分散风险。(3)转移风险。对可能给企业带来灾难性损失的资产，企业应以一定的代价，采取某种方式转移风险。如向保险公司投保；采取合资、联营、联合开发等措施实现风险共担；通过技术转让、租赁经营和业务外包等实现风险转移。(4)接受风险。接受风险包括风险自担和风险自保两种。风险自担是指风险损失发生时，直接将损失摊入成本或费用，或冲减利润。风险自保是指企业预留一笔风险金或随着生产经营的进行，有计划地计提资产减值准备等。

4. 资产的收益是指资产的价值在一定时期的增值。一般情况下，有两种表述资产收益的方式：第一种方式是以金额表示的，称为资产的收益额，通常以资产价值在一定期限内的增值量来表示。第二种方式是以百分比表示的，称为资产的收益率或报酬率，是资产增值量与期初资产价值(价格)的比值。

5. 企业筹资按所筹资金性质分类，可分为权益性筹资和债权性筹资。企业筹资按所筹资金的使用期限分类，可分为短期筹资和长期筹资。企业筹资按所筹资金的来源、范围分类，可分为内部筹资和外部筹资。企业筹资按是否借助金融机构分类，可分为直接筹资和间接筹资。

6. 企业流动资产的特点：(1)流动资产的周转具有短期性。企业投放于流动资产上的资金，周转一次所需时间较短，通常会在一年或一个营业周期内收回，对企业影响的时间比较短。(2)动资产具有容易变现性。短期投资、应收账款、存货等流动资产一般具有较强的变现能力。(3)流动资产的数量具有波动性。流动资产在企业再生产过程中，其数量会随着企业内外部条件的变化而变化，时高时低，起伏不定，具有波动性。(4)流动资产循环与生产经营周期具有一致性。企业的生产经营过程，也是物化劳动和活劳动的消耗过程，完成一次生产经营周期，流动资产也完成一次循环。

7. 企业应收账款的日常管理方法：(1)企业的信用调查。是指搜集和整理反映顾客信用状况有关资料的一项工作。它是企业应收账款日常管理的基础，也是正确评价顾客信用的前提条件。信用调查可以分为直接调查和间接调查两种。(2)企业的信用评估。企业在设定某一客户的信用标准时，往往要对客户进行了解评估，常用的是5C评估法和信用评分法。(3)分析应收账款账龄。(4)收回应收账款。(5)预计坏账损失，计提坏账准备。

8. 存货ABC分类管理法就是指按照一定的标准，将企业的存货划分为A、B、C三类，分别实行分品种重点管理、分类别一般控制和按总额灵活掌握的存货管理方法。分类的标准主要有两个：一是金额标准，二是品种数量标准。其中金额标准是最基本的，品种数量标准仅作为参考。A 类存货金额巨大，但品种数量较少；B类存货金额一般，但品种数量相对较多；C类存货数量繁多,但价值却很小。一般而言,三类存货的金额比重大致为A:B:C=7:2:1,品种数量比重大致为A:B:C=1:2:7。

9. 企业项目投资的特点:(1)投资金额较大;(2)投资回收期长;(3)变现能力差;(4)投资风险高。

10. 影响投资的因素:(1)投资的机会成本;(2)投资的风险和收益;(3)筹资能力;(4)投资环境。

11. 收入是指企业在日常活动中形成的、会导致所有者权益增加的、与所有者投入资本无关的经济利益的总流入。在生产经营活动中,许多因素影响着销售收入的实现,通常在销售收入管理中主要考虑以下几项影响因素:价格与销售量、销售折扣、销售折让、销售退回。

12. 销售收入预测是指根据市场需求及其变化情况,对未来一定时期的产品销售量和相应的销售收入做出预计。销售收入预测是为了预计未来时期的收入情况,以便更好地组织下一期的生产经营活动。预测营业收入的方法有两种:一类是定性预测,一类是定量预测。定性预测的主要方法是市场调查分析法。在实际工作中,常用的定量预测法有趋势预测法和量本利预测法。

13. 销售收入管理是企业财务管理的一个重要方面,它关系到企业的生存和发展。加强销售收入管理对企业具有重要的意义:(1)及时取得销售收入是补偿耗费、持续经营的基本前提。(2)及时取得销售收入,是加速资金周转、提高资金利用效果的重要环节。(3)及时取得销售收入,是实现利润、分配利润的必要条件。

14. 单一产品盈亏平衡点销售数量的测算公式:盈亏平衡点的销售数量=固定成本/(销售单价-单位变动成本)=固定成本/边际贡献。

15. 预算的编制方法有:固定预算与弹性预算,增量预算与零基预算,定期预算与滚动预算。

16. 全面预算是关于企业在一定的时期内各项业务活动、财务表现等方面的总体预测。包括销售预算、生产预算、材料采购预算、直接人工预算、制造费用、销售及管理费用预算、现金预算。

17. 开展财务分析,需要运用一定的方法。财务分析的主要方法有比较分析法、比率分析法、趋势分析法和因素分析法等。

(1) 比较分析法。是指将具有相同性质且又可以相互比较的经济指标进行数量上的比较计算,从而揭示各经济指标间的数量关系和数量差异。比较是分析的基础,也是分析的最基本方法。比较法有以下三种形式:①实际指标同计划(或定额)指标比较。②本期指标同上期指标或历史最好水平比较。③本企业指标同其他企业指标比较。运用比较分析法进行比较分析时,要比较两种指标数值:一是绝对数值指标比较,说明数额差异,借以了解全额变动情况;二是相对数值指标比较,说明百分率差异,借以了解变动程度。

(2)比率分析法。是指将性质不同,但在企业生产经营过程中又存在相互依存、相互联系的财务指标进行数量上的比较,计算其比率的方法。①结构比率。是将总体中某一部分的指标数值与总体的全部数值对比,用以反映部分与总体的数量关系的指标。②效率比率。是某项财务活动中所费与所得的比率,反映经济活动投入与产出的关系。③相关比率。是将总体内某一性质的指标数值与另一相关但性质不同的指标数值对比计算求得的指标，用以反映两者之间经济上所存在的数量依存关系。

(3)趋势分析法。是指将某一财务指标在不同时期的数量表现，按照一定的方式进行比较，计算出比率的方法。趋势分析法可以揭示企业财务状况和经营成果的变化趋势，预测企业未来的发展前景。进行趋势分析的比较方法有定基比较与环比比较等。

(4) 因素分析法。是指先找到影响被分析指标且存在一定数量关系的若干因素，然后逐一分析每一因素对被分析指标影响情况的方法。因素分析法有连环替代法和差额计算分析法。

六、计算分析题

1. (1)$F=A\times(F/A,i,n)=A\times(F/A,5\%,10)=50\ 000\times12.578=628\ 900$(元)

(2)$P=A\times(P/A,i,n)=A\times(P/A,5\%,10)=50\ 000\times7.7217=386\ 085$(元)

2. $F=A\times(F/A,i,n)=A\times(F/A,5\%,10)=12.578\times A=850\ 000$(元)

所以$A=67578.31$(元)

3. 现金周转期=80+50−40=90(天)

现金周转率=360÷90=4 (次)

最佳现金持有量=48÷4=12(万元)

4. (1)经济进货批量$(Q)=\sqrt{\dfrac{2\times\text{计划年度存货总需求量}\times\text{平均每次订货费用}}{\text{单位年储存成本}}}=\sqrt{\dfrac{2AB}{C}}$

$$=\sqrt{\frac{2\times3000\times30}{2}}=300\text{(箱)}$$

(2)经济批量下的存货相关总成本$(TC)=\dfrac{A}{Q}\times B+\dfrac{Q}{2}\times C=\dfrac{3000}{300}\times30+\dfrac{300}{2}\times2=600$(元)

(3)订货成本$=\dfrac{A}{Q}\times B=\dfrac{3000}{300}\times30=300$(元)

储存成本$=\dfrac{Q}{2}\times C=\dfrac{300}{2}\times2=300$(元)

5. (1)甲方案：

折旧额：15 000÷5=3000(元)

第1年到第5年现金流量：

(7000−2000−3000) ×(1−40%)+3000=4200(元)

乙方案：

折旧额：(12 000−2000)÷5=2000(元)

第1年到第5年现金流量分别为：

(8000−3000−2000)×(1−40%)+2000=3800(元)

(8000−3400−2000)×(1−40%)+2000=3560(元)

(8000−3800−2000)×(1−40%)+2000=3320(元)

(8000−4200−2000)×(1−40%)+2000=3080(元)

(8000−4600−2000)×(1−40%)+2000+2000+3000=7840(元)

(2)甲方案净现值：

4200×3.791−15 000=922.2(元)

乙方案净现值：

3800×0.909+3560×0.826+3320×0.751+3080×0.683+7840×0.621−(12 000+3000)=860(元)

(3)甲方案回收期：

15 000÷4200=3.57(年)

乙方案回收期：

4+(15000−13760)÷7840=4.16(年)

(4)应选择甲方案。

6. 销售量=520 000÷(950−420)=981.13(台)

销售额=981.13×950=932073.5(元)

7.(1)

季度	1	2	3	4	全年
销售数量(件)	1000	1500	2000	1800	6300
销售单价(元/件)	100	100	100	100	100
销售收入(元)	100 000	150 000	200 000	180 000	630 000

上年末应收账款	62 000				62 000
第一季度	60 000	40 000			100 000
第二季度		90 000	60 000		150 000
第三季度			120 000	80 000	200 000
第四季度				108 000	108 000
现金流入合计	122 000	130 000	180 000	188 000	620 000

(2)2012年年末应收账款余额=第四季度销售收入×(1−本期收现率)

=180 000×(1−60%)=72 000(元)

8. (1)应收账款周转次数=(1250×26.88%)÷[(33+31)÷2]=10.5(次)

应收账款周转天数=360÷10.5=34.29(天)

(2)存货周转次数=750÷[(240+260)÷2]=3(次)

存货周转天数=360÷3=120(天)

附表一　复利终值系数表

期数	1%	2%	3%	4%	5%	6%	7%	8%	9%	10%
1	1.0100	1.0200	1.0300	1.0400	1.0500	1.0600	1.0700	1.0800	1.0900	1.1000
2	1.0201	1.0404	1.0609	1.0816	1.1025	1.1236	1.1449	1.1664	1.1881	1.2100
3	1.0303	1.0612	1.0927	1.1249	1.1576	1.1910	1.2250	1.2597	1.2950	1.3310
4	1.0406	1.0824	1.1255	1.1699	1.2155	1.2625	1.3108	1.3605	1.4116	1.4641
5	1.0510	1.1041	1.1593	1.2167	1.2763	1.3382	1.4026	1.4693	1.5386	1.6105
6	1.0615	1.1262	1.1941	1.2653	1.3401	1.4185	1.5007	1.5869	1.6771	1.7716
7	1.0721	1.1487	1.2299	1.3159	1.4071	1.5036	1.6058	1.7138	1.8280	1.9487
8	1.0829	1.1717	1.2668	1.3686	1.4775	1.5938	1.7182	1.8509	1.9926	2.1436
9	1.0937	1.1951	1.3048	1.4233	1.5513	1.6895	1.8385	1.9990	2.1719	2.3579
10	1.1046	1.2190	1.3439	1.4802	1.6289	1.7908	1.9672	2.1589	2.3674	2.5937
11	1.1157	1.2434	1.3842	1.5395	1.7103	1.8983	2.1049	2.3316	2.5804	2.8531
12	1.1268	1.2682	1.4258	1.6010	1.7959	2.0122	2.2522	2.5182	2.8127	3.1384
13	1.1381	1.2936	1.4685	1.6651	1.8856	2.1329	2.4098	2.7196	3.0658	3.4523
14	1.1495	1.3195	1.5126	1.7317	1.9799	2.2609	2.5785	2.9372	3.3417	3.7975
15	1.1610	1.3459	1.5580	1.8009	2.0789	2.3966	2.7590	3.1722	3.6425	4.1772
16	1.1726	1.3728	1.6047	1.8730	2.1829	2.5404	2.9522	3.4259	3.9703	4.5950
17	1.1843	1.4002	1.6528	1.9479	2.2920	2.6928	3.1588	3.7000	4.3276	5.0545
18	1.1961	1.4282	1.7024	2.0258	2.4066	2.8543	3.3799	3.9960	4.7171	5.5599
19	1.2081	1.4568	1.7535	2.1068	2.5270	3.0256	3.6165	4.3157	5.1417	6.1159
20	1.2202	1.4859	1.8061	2.1911	2.6533	3.2071	3.8697	4.6610	5.6044	6.7275
21	1.2324	1.5157	1.8603	2.2788	2.7860	3.3996	4.1406	5.0338	6.1088	7.4002
22	1.2447	1.5460	1.9161	2.3699	2.9253	3.6035	4.4304	5.4365	6.6586	8.1403
23	1.2572	1.5769	1.9736	2.4647	3.0715	3.8197	4.7405	5.8715	7.2579	8.9543
24	1.2697	1.6084	2.0328	2.5633	3.2251	4.0489	5.0724	6.3412	7.9111	9.8497
25	1.2824	1.6406	2.0938	2.6658	3.3864	4.2919	5.4274	6.8485	8.6231	10.835
26	1.2953	1.6734	2.1566	2.7725	3.5557	4.5494	5.8074	7.3964	9.3992	11.918
27	1.3082	1.7069	2.2213	2.8834	3.7335	4.8223	6.2139	7.9881	10.245	13.110
28	1.3213	1.7410	2.2879	2.9987	3.9201	5.1117	6.6488	8.6271	11.167	14.421
29	1.3345	1.7758	2.3566	3.1187	4.1161	5.4184	7.1143	9.3173	12.172	15.863
30	1.3478	1.8114	2.4273	3.2434	4.3219	5.7435	7.6123	10.063	13.268	17.449
40	1.4889	2.2080	3.2620	4.8010	7.0400	10.286	14.975	21.725	31.409	45.259
50	1.6446	2.6916	4.3839	7.1067	11.467	18.420	29.457	46.902	74.358	117.39
60	1.8167	3.2810	5.8916	10.520	18.679	32.988	57.946	101.26	176.03	304.48

续附表一

期数	12%	14%	15%	16%	18%	20%	24%	28%	32%	36%
1	1.1200	1.1400	1.1500	1.1600	1.1800	1.2000	1.2400	1.2800	1.3200	1.3600
2	1.2544	1.2996	1.3225	1.3456	1.3924	1.4400	1.5376	1.6384	1.7424	1.8496
3	1.4049	1.4815	1.5209	1.5609	1.6430	1.7280	1.9066	2.0972	2.3000	2.5155
4	1.5735	1.6890	1.7490	1.8106	1.9388	2.0736	2.3642	2.6844	3.0360	3.4210
5	1.7623	1.9254	2.0114	2.1003	2.2878	2.4883	2.9316	3.4360	4.0075	4.6526
6	1.9738	2.1950	2.3131	2.4364	2.6996	2.9860	3.6352	4.3980	5.2899	6.3275
7	2.2107	2.5023	2.6600	2.8262	3.1855	3.5832	4.5077	5.6295	6.9826	8.6054
8	2.4760	2.8526	3.0590	3.2784	3.7589	4.2998	5.5895	7.2058	9.2170	11.703
9	2.7731	3.2519	3.5179	3.8030	4.4355	5.1598	6.9310	9.2234	12.167	15.917
10	3.1058	3.7072	4.0456	4.4114	5.2338	6.1917	8.5944	11.806	16.060	21.647
11	3.4785	4.2262	4.6524	5.1173	6.1759	7.4301	10.657	15.112	21.199	29.439
12	3.8960	4.8179	5.3503	5.9360	7.2876	8.9161	13.215	19.343	27.983	40.038
13	4.3635	5.4924	6.1528	6.8858	8.5994	10.699	16.386	24.759	36.937	54.451
14	4.8871	6.2613	7.0757	7.9875	10.147	12.839	20.319	31.691	48.757	74.053
15	5.4736	7.1379	8.1371	9.2655	11.974	15.407	25.196	40.565	64.359	100.71
16	6.1304	8.1372	9.3576	10.748	14.129	18.488	31.243	51.923	84.954	136.97
17	6.8660	9.2765	10.761	12.468	16.672	22.186	38.741	66.461	112.14	186.28
18	7.6900	10.575	12.376	14.463	19.673	26.623	48.039	85.071	148.02	253.34
19	8.6128	12.056	14.232	16.777	23.214	31.948	59.568	108.89	195.39	344.54
20	9.6463	13.744	16.367	19.461	27.393	38.338	73.864	139.38	257.92	468.57
21	10.804	15.668	18.822	22.575	32.324	46.005	91.592	178.41	340.45	637.26
22	12.100	17.861	21.645	26.186	38.142	55.206	113.57	228.36	449.39	866.67
23	13.552	20.362	24.892	30.376	45.008	66.247	140.83	292.30	593.20	1178.7
24	15.179	23.212	28.625	35.236	53.109	79.497	174.63	374.14	783.02	1603.0
25	17.000	26.462	32.919	40.874	62.669	95.396	216.54	478.90	1033.6	2180.1
26	19.040	30.167	37.857	47.414	73.949	114.48	268.51	613.00	1364.3	2964.9
27	21.325	34.390	43.535	55.000	87.260	137.37	332.96	784.64	1800.9	4032.3
28	23.884	39.205	50.066	63.800	102.97	164.84	412.86	1004.3	2377.2	5483.9
29	26.750	44.693	57.576	74.009	121.50	197.81	511.95	1285.6	3137.9	7458.1
30	29.960	50.950	66.212	85.850	143.37	237.38	634.82	1645.5	4142.1	10143
40	93.051	188.88	267.86	378.72	750.38	1469.8	5455.9	19427	66521	*
50	289.00	700.23	1083.7	1670.7	3927.4	9100.4	46890	*	*	*
60	897.60	2595.9	4384.0	7370.2	20555	56348	*	*	*	*

注：*>99 999

计算公式：复利终值系数=$(1+i)^n$，S=P$(1+i)^n$

P为现值或初始值；i为报酬率或利率；n为计息期数；S为终值或本利和

附表二 复利现值系数表

期数	1%	2%	3%	4%	5%	6%	7%	8%	9%	10%
1	0.9901	0.9804	0.9709	0.9615	0.9524	0.9434	0.9346	0.9259	0.9174	0.9091
2	0.9803	0.9612	0.9426	0.9246	0.9070	0.8900	0.8734	0.8573	0.8417	0.8264
3	0.9706	0.9423	0.9151	0.8890	0.8638	0.8396	0.8163	0.7938	0.7722	0.7513
4	0.9610	0.9238	0.8885	0.8548	0.8227	0.7921	0.7629	0.7350	0.7084	0.6830
5	0.9515	0.9057	0.8626	0.8219	0.7835	0.7473	0.7130	0.6806	0.6499	0.6209
6	0.9420	0.8880	0.8375	0.7903	0.7462	0.7050	0.6663	0.6302	0.5963	0.5645
7	0.9327	0.8706	0.8131	0.7599	0.7107	0.6651	0.6227	0.5835	0.5470	0.5132
8	0.9235	0.8535	0.7894	0.7307	0.6768	0.6274	0.5820	0.5403	0.5019	0.4665
9	0.9143	0.8368	0.7664	0.7026	0.6446	0.5919	0.5439	0.5002	0.4604	0.4241
10	0.9053	0.8203	0.7441	0.6756	0.6139	0.5584	0.5083	0.4632	0.4224	0.3855
11	0.8963	0.8043	0.7224	0.6496	0.5847	0.5268	0.4751	0.4289	0.3875	0.3505
12	0.8874	0.7885	0.7014	0.6246	0.5568	0.4970	0.4440	0.3971	0.3555	0.3186
13	0.8787	0.7730	0.6810	0.6006	0.5303	0.4688	0.4150	0.3677	0.3262	0.2897
14	0.8700	0.7579	0.6611	0.5775	0.5051	0.4423	0.3878	0.3405	0.2992	0.2633
15	0.8613	0.7430	0.6419	0.5553	0.4810	0.4173	0.3624	0.3152	0.2745	0.2394
16	0.8528	0.7284	0.6232	0.5339	0.4581	0.3936	0.3387	0.2919	0.2519	0.2176
17	0.8444	0.7142	0.6050	0.5134	0.4363	0.3714	0.3166	0.2703	0.2311	0.1978
18	0.8360	0.7002	0.5874	0.4936	0.4155	0.3503	0.2959	0.2502	0.2120	0.1799
19	0.8277	0.6864	0.5703	0.4746	0.3957	0.3305	0.2765	0.2317	0.1945	0.1635
20	0.8195	0.6730	0.5537	0.4564	0.3769	0.3118	0.2584	0.2145	0.1784	0.1486
21	0.8114	0.6598	0.5375	0.4388	0.3589	0.2942	0.2415	0.1987	0.1637	0.1351
22	0.8034	0.6468	0.5219	0.4220	0.3418	0.2775	0.2257	0.1839	0.1502	0.1228
23	0.7954	0.6342	0.5067	0.4057	0.3256	0.2618	0.2109	0.1703	0.1378	0.1117
24	0.7876	0.6217	0.4919	0.3901	0.3101	0.2470	0.1971	0.1577	0.1264	0.1015
25	0.7798	0.6095	0.4776	0.3751	0.2953	0.2330	0.1842	0.1460	0.1160	0.0923
26	0.7720	0.5976	0.4637	0.3607	0.2812	0.2198	0.1722	0.1352	0.1064	0.0839
27	0.7644	0.5859	0.4502	0.3468	0.2678	0.2074	0.1609	0.1252	0.0976	0.0763
28	0.7568	0.5744	0.4371	0.3335	0.2551	0.1956	0.1504	0.1159	0.0895	0.0693
29	0.7493	0.5631	0.4243	0.3207	0.2429	0.1846	0.1406	0.1073	0.0822	0.0630
30	0.7419	0.5521	0.4120	0.3083	0.2314	0.1741	0.1314	0.0994	0.0754	0.0573
35	0.7059	0.5000	0.3554	0.2534	0.1813	0.1301	0.0937	0.0676	0.0490	0.0356
40	0.6717	0.4529	0.3066	0.2083	0.1420	0.0972	0.0668	0.0460	0.0318	0.0221
45	0.6391	0.4102	0.2644	0.1712	0.1113	0.0727	0.0476	0.0313	0.0207	0.0137
50	0.6080	0.3715	0.2281	0.1407	0.0872	0.0543	0.0339	0.0213	0.0134	0.0085
55	0.5785	0.3365	0.1968	0.1157	0.0683	0.0406	0.0242	0.0145	0.0087	0.0053

续附表二

期数	12%	14%	15%	16%	18%	20%	24%	28%	32%	36%
1	0.8929	0.8772	0.8696	0.8621	0.8475	0.8333	0.8065	0.7813	0.7576	0.7353
2	0.7972	0.7695	0.7561	0.7432	0.7182	0.6944	0.6504	0.6104	0.5739	0.5407
3	0.7118	0.6750	0.6575	0.6407	0.6086	0.5787	0.5245	0.4768	0.4348	0.3975
4	0.6355	0.5921	0.5718	0.5523	0.5158	0.4823	0.4230	0.3725	0.3294	0.2923
5	0.5674	0.5194	0.4972	0.4761	0.4371	0.4019	0.3411	0.2910	0.2495	0.2149
6	0.5066	0.4556	0.4323	0.4104	0.3704	0.3349	0.2751	0.2274	0.1890	0.1580
7	0.4523	0.3996	0.3759	0.3538	0.3139	0.2791	0.2218	0.1776	0.1432	0.1162
8	0.4039	0.3506	0.3269	0.3050	0.2660	0.2326	0.1789	0.1388	0.1085	0.0854
9	0.3606	0.3075	0.2843	0.2630	0.2255	0.1938	0.1443	0.1084	0.0822	0.0628
10	0.3220	0.2697	0.2472	0.2267	0.1911	0.1615	0.1164	0.0847	0.0623	0.0462
11	0.2875	0.2366	0.2149	0.1954	0.1619	0.1346	0.0938	0.0662	0.0472	0.0340
12	0.2567	0.2076	0.1869	0.1685	0.1372	0.1122	0.0757	0.0517	0.0357	0.0250
13	0.2292	0.1821	0.1625	0.1452	0.1163	0.0935	0.0610	0.0404	0.0271	0.0184
14	0.2046	0.1597	0.1413	0.1252	0.0985	0.0779	0.0492	0.0316	0.0205	0.0135
15	0.1827	0.1401	0.1229	0.1079	0.0835	0.0649	0.0397	0.0247	0.0155	0.0099
16	0.1631	0.1229	0.1069	0.0930	0.0708	0.0541	0.0320	0.0193	0.0118	0.0073
17	0.1456	0.1078	0.0929	0.0802	0.0600	0.0451	0.0258	0.0150	0.0089	0.0054
18	0.1300	0.0946	0.0808	0.0691	0.0508	0.0376	0.0208	0.0118	0.0068	0.0039
19	0.1161	0.0829	0.0703	0.0596	0.0431	0.0313	0.0168	0.0092	0.0051	0.0029
20	0.1037	0.0728	0.0611	0.0514	0.0365	0.0261	0.0135	0.0072	0.0039	0.0021
21	0.0926	0.0638	0.0531	0.0443	0.0309	0.0217	0.0109	0.0056	0.0029	0.0016
22	0.0826	0.0560	0.0462	0.0382	0.0262	0.0181	0.0088	0.0044	0.0022	0.0012
23	0.0738	0.0491	0.0402	0.0329	0.0222	0.0151	0.0071	0.0034	0.0017	0.0008
24	0.0659	0.0431	0.0349	0.0284	0.0188	0.0126	0.0057	0.0027	0.0013	0.0006
25	0.0588	0.0378	0.0304	0.0245	0.0160	0.0105	0.0046	0.0021	0.0010	0.0005
26	0.0525	0.0331	0.0264	0.0211	0.0135	0.0087	0.0037	0.0016	0.0007	0.0003
27	0.0469	0.0291	0.0230	0.0182	0.0115	0.0073	0.0030	0.0013	0.0006	0.0002
28	0.0419	0.0255	0.0200	0.0157	0.0097	0.0061	0.0024	0.0010	0.0004	0.0002
29	0.0374	0.0224	0.0174	0.0135	0.0082	0.0051	0.0020	0.0008	0.0003	0.0001
30	0.0334	0.0196	0.0151	0.0116	0.0070	0.0042	0.0016	0.0006	0.0002	0.0001
35	0.0189	0.0102	0.0075	0.0055	0.0030	0.0017	0.0005	0.0002	0.0001	*
40	0.0107	0.0053	0.0037	0.0026	0.0013	0.0007	0.0002	0.0001	*	*
45	0.0061	0.0027	0.0019	0.0013	0.0006	0.0003	0.0001	*	*	*
50	0.0035	0.0014	0.0009	0.0006	0.0003	0.0001	*	*	*	*
55	0.0020	0.0007	0.0005	0.0003	0.0001	*	*	*	*	*

注：*<0.0001

计算公式：复利现值系数$=(1+i)^{-n}$，$P=\frac{S}{(1+i)^n}=S(1+i)^{-n}$

P为现值或初始值；i为报酬率或利率；n为计息期数；S为终值或本利和

附表三　年金终值系数表

期数	1%	2%	3%	4%	5%	6%	7%	8%	9%	10%
1	1.0000	1.0000	1.0000	1.0000	1.0000	1.0000	1.0000	1.0000	1.0000	1.0000
2	2.0100	2.0200	2.0300	2.0400	2.0500	2.0600	2.0700	2.0800	2.0900	2.1000
3	3.0301	3.0604	3.0909	3.1216	3.1525	3.1836	3.2149	3.2464	3.2781	3.3100
4	4.0604	4.1216	4.1836	4.2465	4.3101	4.3746	4.4399	4.5061	4.5731	4.6410
5	5.1010	5.2040	5.3091	5.4163	5.5256	5.6371	5.7507	5.8666	5.9847	6.1051
6	6.1520	6.3081	6.4684	6.6330	6.8019	6.9753	7.1533	7.3359	7.5233	7.7156
7	7.2135	7.4343	7.6625	7.8983	8.1420	8.3938	8.6540	8.9228	9.2004	9.4872
8	8.2857	8.5830	8.8923	9.2142	9.5491	9.8975	10.260	10.637	11.029	11.436
9	9.3685	9.7546	10.159	10.583	11.027	11.491	11.978	12.488	13.021	13.580
10	10.462	10.950	11.464	12.006	12.578	13.181	13.816	14.487	15.193	15.937
11	11.567	12.169	12.808	13.486	14.207	14.972	15.784	16.646	17.560	18.531
12	12.683	13.412	14.192	15.026	15.917	16.870	17.889	18.977	20.141	21.384
13	13.809	14.680	15.618	16.627	17.713	18.882	20.141	21.495	22.953	24.523
14	14.947	15.974	17.086	18.292	19.599	21.015	22.551	24.215	26.019	27.975
15	16.097	17.293	18.599	20.024	21.579	23.276	25.129	27.152	29.361	31.773
16	17.258	18.639	20.157	21.825	23.658	25.673	27.888	30.324	33.003	35.950
17	18.430	20.012	21.762	23.698	25.840	28.213	30.840	33.750	36.974	40.545
18	19.615	21.412	23.414	25.645	28.132	30.906	33.999	37.450	41.301	45.599
19	20.811	22.841	25.117	27.671	30.539	33.760	37.379	41.446	46.019	51.159
20	22.019	24.297	26.870	29.778	33.066	36.786	40.996	45.762	51.160	57.275
21	23.239	25.783	28.677	31.969	35.719	39.993	44.865	50.423	56.765	64.003
22	24.472	27.299	30.537	34.248	38.505	43.392	49.006	55.457	62.873	71.403
23	25.716	28.845	32.453	36.618	41.431	46.996	53.436	60.893	69.532	79.543
24	26.974	30.422	34.427	39.083	44.502	50.816	58.177	66.765	76.790	88.497
25	28.243	32.030	36.459	41.646	47.727	54.865	63.249	73.106	84.701	98.347
26	29.526	33.671	38.553	44.312	51.114	59.156	68.677	79.954	93.324	109.18
27	30.821	35.344	40.710	47.084	54.669	63.706	74.484	87.351	102.72	121.10
28	32.129	37.051	42.931	49.968	58.403	68.528	80.698	95.339	112.97	134.21
29	33.450	38.792	45.219	52.966	62.323	73.640	87.347	103.97	124.14	148.63
30	34.785	40.568	47.575	56.085	66.439	79.058	94.461	113.28	136.31	164.49
40	48.886	60.402	75.401	95.026	120.80	154.76	199.64	259.06	337.88	442.59
50	64.463	84.579	112.80	152.67	209.35	290.34	406.53	573.77	815.08	1163.9
60	81.670	114.05	163.05	237.99	353.58	533.13	813.52	1253.2	1944.8	3034.8

续附表三

期数	12%	14%	15%	16%	18%	20%	24%	28%	32%	36%
1	1.0000	1.0000	1.0000	1.0000	1.0000	1.0000	1.0000	1.0000	1.0000	1.0000
2	2.1200	2.1400	2.1500	2.1600	2.1800	2.2000	2.2400	2.2800	2.3200	2.3600
3	3.3744	3.4396	3.4725	3.5056	3.5724	3.6400	3.7776	3.9184	4.0624	4.2096
4	4.7793	4.9211	4.9934	5.0665	5.2154	5.3680	5.6842	6.0156	6.3624	6.7251
5	6.3528	6.6101	6.7424	6.8771	7.1542	7.4416	8.0484	8.6999	9.3983	10.146
6	8.1152	8.5355	8.7537	8.9775	9.4420	9.9299	10.980	12.136	13.406	14.799
7	10.089	10.731	11.067	11.414	12.142	12.916	14.615	16.534	18.696	21.126
8	12.300	13.233	13.727	14.240	15.327	16.499	19.123	22.163	25.678	29.732
9	14.776	16.085	16.786	17.519	19.086	20.799	24.713	29.369	34.895	41.435
10	17.549	19.337	20.304	21.322	23.521	25.959	31.643	38.593	47.062	57.352
11	20.655	23.045	24.349	25.733	28.755	32.150	40.238	50.399	63.122	78.998
12	24.133	27.271	29.002	30.850	34.931	39.581	50.895	65.510	84.320	108.44
13	28.029	32.089	34.352	36.786	42.219	48.497	64.110	84.853	112.30	148.48
14	32.393	37.581	40.505	43.672	50.818	59.196	80.496	109.61	149.24	202.93
15	37.280	43.842	47.580	51.660	60.965	72.035	100.82	141.30	198.00	276.98
16	42.753	50.980	55.718	60.925	72.939	87.442	126.01	181.87	262.36	377.69
17	48.884	59.118	65.075	71.673	87.068	105.93	157.25	233.79	347.31	514.66
18	55.750	68.394	75.836	84.141	103.74	128.12	195.99	300.25	459.45	700.94
19	63.440	78.969	88.212	98.603	123.41	154.74	244.03	385.32	607.47	954.28
20	72.052	91.025	102.44	115.38	146.63	186.69	303.60	494.21	802.86	1298.8
21	81.699	104.77	118.81	134.84	174.02	225.03	377.46	633.59	1060.8	1767.4
22	92.503	120.44	137.63	157.42	206.34	271.03	469.06	812.00	1401.2	2404.7
23	104.60	138.30	159.28	183.60	244.49	326.24	582.63	1040.4	1850.6	3271.3
24	118.16	158.66	184.17	213.98	289.49	392.48	723.46	1332.7	2443.8	4450.0
25	133.33	181.87	212.79	249.21	342.60	471.98	898.09	1706.8	3226.8	6053.0
26	150.33	208.33	245.71	290.09	405.27	567.38	1114.6	2185.7	4260.4	8233.1
27	169.37	238.50	283.57	337.50	479.22	681.85	1383.1	2798.7	5624.8	11198
28	190.70	272.89	327.10	392.50	566.48	819.22	1716.1	3583.3	7425.7	15230
29	214.58	312.09	377.17	456.30	669.45	984.07	2129.0	4587.7	9802.9	20714
30	241.33	356.79	434.75	530.31	790.95	1181.9	2640.9	5873.2	12941	28172
40	767.09	1342.0	1779.1	2360.8	4163.2	7343.9	22729	69377	207874	609890
50	2400.0	4994.5	7217.7	10436	21813	45497	195373	819103	*	*
60	7471.6	18535	29220	46058	114190	281733	*	*	*	*

注：*>999999

计算公式：年金终值系数=$\frac{(1+i)^n-1}{i}$，$S=A\frac{(1+i)^n-1}{i}$

A为每期等额支付(或收入)的金额；i为报酬率或利率；n为计息期数；S为年金终值或本利和

附表四 年金现值系数表

期数	1%	2%	3%	4%	5%	6%	7%	8%	9%	10%
1	0.9901	0.9804	0.9709	0.9615	0.9524	0.9434	0.9346	0.9259	0.9174	0.9091
2	1.9704	1.9416	1.9135	1.8861	1.8594	1.8334	1.8080	1.7833	1.7591	1.7355
3	2.9410	2.8839	2.8286	2.7751	2.7232	2.6730	2.6243	2.5771	2.5313	2.4869
4	3.9020	3.8077	3.7171	3.6299	3.5460	3.4651	3.3872	3.3121	3.2397	3.1699
5	4.8534	4.7135	4.5797	4.4518	4.3295	4.2124	4.1002	3.9927	3.8897	3.7908
6	5.7955	5.6014	5.4172	5.2421	5.0757	4.9173	4.7665	4.6229	4.4859	4.3553
7	6.7282	6.4720	6.2303	6.0021	5.7864	5.5824	5.3893	5.2064	5.0330	4.8684
8	7.6517	7.3255	7.0197	6.7327	6.4632	6.2098	5.9713	5.7466	5.5348	5.3349
9	8.5660	8.1622	7.7861	7.4353	7.1078	6.8017	6.5152	6.2469	5.9952	5.7590
10	9.4713	8.9826	8.5302	8.1109	7.7217	7.3601	7.0236	6.7101	6.4177	6.1446
11	10.3676	9.7868	9.2526	8.7605	8.3064	7.8869	7.4987	7.1390	6.8052	6.4951
12	11.2551	10.5753	9.9540	9.3851	8.8633	8.3838	7.9427	7.5361	7.1607	6.8137
13	12.1337	11.3484	10.6350	9.9856	9.3936	8.8527	8.3577	7.9038	7.4869	7.1034
14	13.0037	12.1062	11.2961	10.5631	9.8986	9.2950	8.7455	8.2442	7.7862	7.3667
15	13.8651	12.8493	11.9379	11.1184	10.3797	9.7122	9.1079	8.5595	8.0607	7.6061
16	14.7179	13.5777	12.5611	11.6523	10.8378	10.1059	9.4466	8.8514	8.3126	7.8237
17	15.5623	14.2919	13.1661	12.1657	11.2741	10.4773	9.7632	9.1216	8.5436	8.0216
18	16.3983	14.9920	13.7535	12.6593	11.6896	10.8276	10.0591	9.3719	8.7556	8.2014
19	17.2260	15.6785	14.3238	13.1339	12.0853	11.1581	10.3356	9.6036	8.9501	8.3649
20	18.0456	16.3514	14.8775	13.5903	12.4622	11.4699	10.5940	9.8181	9.1285	8.5136
21	18.8570	17.0112	15.4150	14.0292	12.8212	11.7641	10.8355	10.0168	9.2922	8.6487
22	19.6604	17.6580	15.9369	14.4511	13.1630	12.0416	11.0612	10.2007	9.4424	8.7715
23	20.4558	18.2922	16.4436	14.8568	13.4886	12.3034	11.2722	10.3711	9.5802	8.8832
24	21.2434	18.9139	16.9355	15.2470	13.7986	12.5504	11.4693	10.5288	9.7066	8.9847
25	22.0232	19.5235	17.4131	15.6221	14.0939	12.7834	11.6536	10.6748	9.8226	9.0770
26	22.7952	20.1210	17.8768	15.9828	14.3752	13.0032	11.8258	10.8100	9.9290	9.1609
27	23.5596	20.7069	18.3270	16.3296	14.6430	13.2105	11.9867	10.9352	10.0266	9.2372
28	24.3164	21.2813	18.7641	16.6631	14.8981	13.4062	12.1371	11.0511	10.1161	9.3066
29	25.0658	21.8444	19.1885	16.9837	15.1411	13.5907	12.2777	11.1584	10.1983	9.3696
30	25.8077	22.3965	19.6004	17.2920	15.3725	13.7648	12.4090	11.2578	10.2737	9.4269
35	29.4086	24.9986	21.4872	18.6646	16.3742	14.4982	12.9477	11.6546	10.5668	9.6442
40	32.8347	27.3555	23.1148	19.7928	17.1591	15.0463	13.3317	11.9246	10.7574	9.7791
45	36.0945	29.4902	24.5187	20.7200	17.7741	15.4558	13.6055	12.1084	10.8812	9.8628
50	39.1961	31.4236	25.7298	21.4822	18.2559	15.7619	13.8007	12.2335	10.9617	9.9148
55	42.1472	33.1748	26.7744	22.1086	18.6335	15.9905	13.9399	12.3186	11.0140	9.9471

续附表四

期数	12%	14%	15%	16%	18%	20%	24%	28%	32%	36%
1	0.8929	0.8772	0.8696	0.8621	0.8475	0.8333	0.8065	0.7813	0.7576	0.7353
2	1.6901	1.6467	1.6257	1.6052	1.5656	1.5278	1.4568	1.3916	1.3315	1.2760
3	2.4018	2.3216	2.2832	2.2459	2.1743	2.1065	1.9813	1.8684	1.7663	1.6735
4	3.0373	2.9137	2.8550	2.7982	2.6901	2.5887	2.4043	2.2410	2.0957	1.9658
5	3.6048	3.4331	3.3522	3.2743	3.1272	2.9906	2.7454	2.5320	2.3452	2.1807
6	4.1114	3.8887	3.7845	3.6847	3.4976	3.3255	3.0205	2.7594	2.5342	2.3388
7	4.5638	4.2883	4.1604	4.0386	3.8115	3.6046	3.2423	2.9370	2.6775	2.4550
8	4.9676	4.6389	4.4873	4.3436	4.0776	3.8372	3.4212	3.0758	2.7860	2.5404
9	5.3282	4.9464	4.7716	4.6065	4.3030	4.0310	3.5655	3.1842	2.8681	2.6033
10	5.6502	5.2161	5.0188	4.8332	4.4941	4.1925	3.6819	3.2689	2.9304	2.6495
11	5.9377	5.4527	5.2337	5.0286	4.6560	4.3271	3.7757	3.3351	2.9776	2.6834
12	6.1944	5.6603	5.4206	5.1971	4.7932	4.4392	3.8514	3.3868	3.0133	2.7084
13	6.4235	5.8424	5.5831	5.3423	4.9095	4.5327	3.9124	3.4272	3.0404	2.7268
14	6.6282	6.0021	5.7245	5.4675	5.0081	4.6106	3.9616	3.4587	3.0609	2.7403
15	6.8109	6.1422	5.8474	5.5755	5.0916	4.6755	4.0013	3.4834	3.0764	2.7502
16	6.9740	6.2651	5.9542	5.6685	5.1624	4.7296	4.0333	3.5026	3.0882	2.7575
17	7.1196	6.3729	6.0472	5.7487	5.2223	4.7746	4.0591	3.5177	3.0971	2.7629
18	7.2497	6.4674	6.1280	5.8178	5.2732	4.8122	4.0799	3.5294	3.1039	2.7668
19	7.3658	6.5504	6.1982	5.8775	5.3162	4.8435	4.0967	3.5386	3.1090	2.7697
20	7.4694	6.6231	6.2593	5.9288	5.3527	4.8696	4.1103	3.5458	3.1129	2.7718
21	7.5620	6.6870	6.3125	5.9731	5.3837	4.8913	4.1212	3.5514	3.1158	2.7734
22	7.6446	6.7429	6.3587	6.0113	5.4099	4.9094	4.1300	3.5558	3.1180	2.7746
23	7.7184	6.7921	6.3988	6.0442	5.4321	4.9245	4.1371	3.5592	3.1197	2.7754
24	7.7843	6.8351	6.4338	6.0726	5.4509	4.9371	4.1428	3.5619	3.1210	2.7760
25	7.8431	6.8729	6.4641	6.0971	5.4669	4.9476	4.1474	3.5640	3.1220	2.7765
26	7.8957	6.9061	6.4906	6.1182	5.4804	4.9563	4.1511	3.5656	3.1227	2.7768
27	7.9426	6.9352	6.5135	6.1364	5.4919	4.9636	4.1542	3.5669	3.1233	2.7771
28	7.9844	6.9607	6.5335	6.1520	5.5016	4.9697	4.1566	3.5679	3.1237	2.7773
29	8.0218	6.9830	6.5509	6.1656	5.5098	4.9747	4.1585	3.5687	3.1240	2.7774
30	8.0552	7.0027	6.5660	6.1772	5.5168	4.9789	4.1601	3.5693	3.1242	2.7775
35	8.1755	7.0700	6.6166	6.2153	5.5386	4.9915	4.1644	3.5708	3.1248	2.7777
40	8.2438	7.1050	6.6418	6.2335	5.5482	4.9966	4.1659	3.5712	3.1250	2.7778
45	8.2825	7.1232	6.6543	6.2421	5.5523	4.9986	4.1664	3.5714	3.1250	2.7778
50	8.3045	7.1327	6.6605	6.2463	5.5541	4.9995	4.1666	3.5714	3.1250	2.7778
55	8.3170	7.1376	6.6636	6.2482	5.5549	4.9998	4.1666	3.5714	3.1250	2.7778

注：

计算公式：年金终值系数$=\frac{(1+i)^n-1}{i}$，$S=A\frac{(1+i)^n-1}{i}$

A为每期等额支付(或收入)的金额；i为报酬率或利率；n为计息期数；S为年金终值或本利和